The

Capillas of San Miguel de Allende
A Legacy of Faith

Las

Capillas de San Miguel de Allende
Un Legado de Fe

Lorie Topinka and Linda Whynman

Spanish translation by Jesús Ibarra

Visit **www.capillasma.org** for more information and to follow our blog about the capillas of San Miguel de Allende.

Photos on pages 52 and 78 are reproduced with permission from Robert de Gast, *The Churches and Chapels of San Miguel de Allende,* Birdnest, Va.: E&R Publications, 1997.

Text © 2016 by Lorie Topinka
All images © 2016 as credited
Front cover: Capilla de los Ramirez by Linda Whynman
Backcover: Capilla de Los Soria by Lorie Topinka
Title page art: Stencil pattern from interior of capilla in Ciénega de Juana Ruíz / Cenefa en el interior de la Capilla en Ciénega de Juana Ruíz (Linda Whynman)

All rights reserved. No part of this publication may be reproduced, stored in a retrieval system or tranmitted, in any form or by any means electronic, mechanical, recorded, or otherwise without prior permission from the copyright holder.

ISBN 978-1532981548

Book design: Linda Whynman

Spanish translation: Jesús Ibarra

Dedication / Dedicatoria

We dedicate this book to the Mexicans in rural communities who have so openly and graciously shared their culture and history with us, and to family and friends who have supported us in this endeavor. The experience has enriched our lives. It is our hope that this book enhances readers' understanding and appreciation of rural Mexico.

Dedicamos este libro a todos los mexicanos de las comunidades rurales, quienes han compartido tan abierta y amablemente su cultura e historia con nosotros, y a los familiares y amigos que nos han apoyado en esta aventura. La experiencia ha enriquecido nuestras vidas. Deseamos que este libro ayude a los lectores a comprender y apreciar mejor el México rural.

Acknowledgments / Agradecimientos

Many people helped make this book possible. We are most grateful for the guidance, generosity, advice, expertise, and general assistance of many, and we wish to specifically thank:

Mucha gente ha ayudado a hacer este libro posible. Estamos muy agradecidas por la guía, generosidad, consejos, conocimientos y ayuda en general de muchas personas. Deseamos agradecer específicamente a:

Robert de Gast, Mary Jane Miller, Erin-Elizabeth Johnson, Dirk Bakker, Jesús Ibarra, Robert Whitlatch, Kambria Anton, Don Anton, Fernando López, Lic. Fernando Mendoza Molina, Lorenzo Sierra Santoyo, Mark Topinka, Cameron Giezendanner, Jocelyn Lofstrom, Mamie Speigel, and Rick Wendling.

Contents / Contenido

Preface / Prefacio vii
Introduction / Introducción x

Chapter One / Capítulo Uno
A One-Day Tour of Capillas / Tour de un día por las capillas 1

    Montecillo de Nieto 4
    Banda 10
    San Isidro de Bandita 14
    Oaxaca 16
    La Cruz del Palmar 18
    San Isidro Capadero 22

Chapter Two / Capítulo Dos
Shorter Trips Featuring Remarkable Capillas / Viajes más cortos con capillas destacadas 29

    Trip 1 / Viaje 1: Atotonilco and San Miguelito Dos 30
    Trip 2 / Viaje 2: San Miguel Viejo 38
    Trip 3 / Viaje 3: Ciénega de Juana Ruíz 42

Chapter Three / Capítulo Tres
Hidden Capillas / Capillas escondidas 49

Chapter Four / Capítulo Cuatro
Haciendas and Ejidos / Haciendas y Ejidos
A Scrambled History of Rural Mexico / una mezcla de historia del México rural 61

    San Antonio de la Joya 70
    Ciénega de Juana Ruíz 74
    Peña Blanca 78
    Don Francisco 80
    El Saucillo 86
    La Palmita Dos 88

Thoughts We'd Like to Leave You With / Pensamientos que nos gustaría dejarte 90
Annotated Bibliography / Bibliografía Anotada 92
About the Artists / Sobre los artistas 94

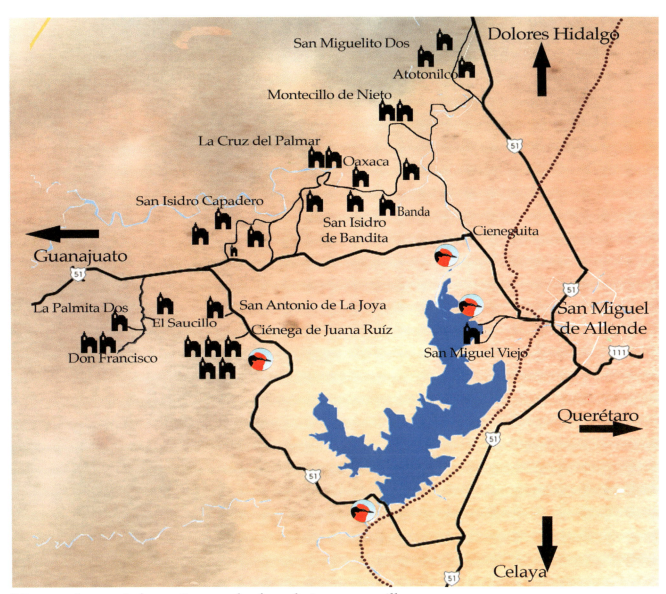

Maps and more information can be found at www.capillasma.org
Mapas y informacion más puede dercargarse de www.capillasma.org

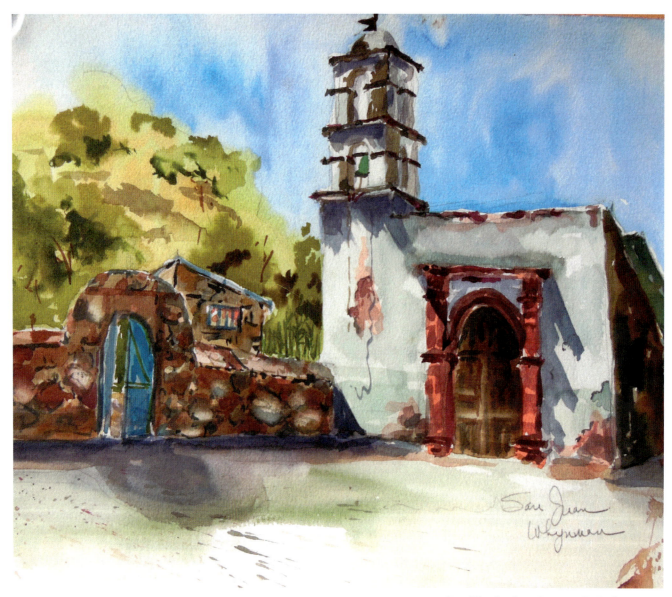

Capilla de San Juan   L. Whynman

Preface

We started out simply as two watercolorists doing what we like to do. We ended up falling in love with the countryside of San Miguel, its people, and the thrill of discovering a new *capilla* (chapel) every week. At some point, the idea of publishing a book came to us, not particularly to showcase our paintings but rather to encourage others to explore the country surrounding our jewel of a city, San Miguel de Allende.

We began our adventure with Robert de Gast's book, *The Churches and Chapels of San Miguel de Allende*, in one hand, a map from the website, "Rutas de Las Capillas," in the other, and a mutual enthusiasm for *plein aire* watercolor painting.

If it's a Friday, and we are in San Miguel, we can assure you that we are painting. Both of us can complete watercolor sketches quickly, so two or two-and-a-half hours on site are usually all we need. Most of the paintings featured in this book are these *plein aire* watercolor sketches. Sometimes, when the architecture or lighting proves difficult, one of us might repaint a scene from photographs. In several cases, we have visited the same capilla a second time.

The roads suggested in this book are a mixture of highways and paved, gravel, and dirt roads. All are passable with a car. However, during the rainy season, sections of the dirt roads may become impassable. Use good judgment if there have been heavy rainstorms recently. There are few gas stations, so fill up in town. Although we are now familiar with the roads, we occasionally make a wrong turn and need to ask for directions. Villagers, truck drivers, and shopkeepers have all, with unfailing politeness, helped us on our way. Some working knowledge of Spanish helps, as few Mexicans in these rural areas speak English.

Let this book be your guide as you venture beyond San Miguel de Allende and discover for yourself these humble legacies of faith that dot the countryside. We have included maps and directions to ranchos where one or more capillas can be found. Known birding spots are indicated on the maps. So pack up paints, cameras, and binoculars, and hit the road.

Lorie Topinka and Linda Whynman

Prefacio

Iniciamos esto simplemente como dos acuarelistas, haciendo lo que nos gusta hacer. Terminamos enamorándonos del campo de San Miguel, de su gente y de la emoción de descubrir una nueva capilla cada semana. En un punto, la idea de publicar un libro se nos ocurrió, no particularmente para mostrar nuestras pinturas, sino para exhortar a otros a explorar el campo que rodea nuestra joya de ciudad, San Miguel de Allende.

Empezamos nuestra aventura con el libro de Robert de Gast, *Iglesias y Capillas de San Miguel de Allende* en una mano y un mapa del sitio web Rutas de las Capillas en la otra, y con el mutuo entusiasmo de pintar acuarelas al aire libre.

Es un viernes y estamos en San Miguel. Podemos asegurar que estamos pintando. Ambas podemos terminar bosquejos en acuarela rápidamente, por lo que dos o dos horas y media en el lugar es todo lo que necesitamos. A veces, cuando la arquitectura o la iluminación nos ponen dificultades, una de nosotras repinta la escena de una fotografía. En varias ocasiones, hemos visitado la misma capilla dos veces.

Las rutas sugeridas en este libro son una mezcla de carreteras y caminos pavimentados o empedrados y terracerías. Todos ellos son accesibles en carro. Sin embargo, durante la temporada de lluvias, hay partes de las terracerías que pueden volverse intransitables. Hay que utilizar el buen criterio cuando llueve. Hay pocas gasolinerías por lo que es conveniente llenar el tanque en la ciudad. Aunque ahora ya estamos familiarizadas con los caminos, seguimos a veces equivocándonos y nos vemos en la necesidad de preguntar. Los habitantes, los repartidores de mercancías y los tenderos conocen bien la zona y amablemente nos han ayudado a encontrar los caminos.

Deja que este libro sea tu guía mientras te aventuras más allá de San Miguel de Allende y descubre por ti mismo este humilde legado de fe que caracteriza esta campiña. Hemos incluido mapas e indicaciones para llegar a los ranchos en donde se encuentran las capillas. En el mapa encontrarás señalados los puntos conocidos para observación de aves. Así es que empaca tus pinturas, tu cámara y tus binoculares y explora al campo sanmiguelense.

Lorie Topinka y Linda Whynman

Capilla de Los Soria   L. Whynman

Introduction

Once we decided to publish a book, we tried to find answers to the questions we had about history, geography, architecture, art, and religion. In the process we have read several books, scanned numerous documents and articles on the Web, interviewed Mexicans and expats, and, generally, followed our noses to ferret out and include details that will enrich your understanding of this area. While we have tried our best to be accurate and to include only information from reliable sources, neither of us is an academic or researcher—we are simply passionately interested folk. What follows in this introduction will, we hope, provide a context for your explorations and a starting point for understanding rural Mexico and the *capillas* (chapels), both of which are shrouded in centuries of silence.

First, a little about the physicality of San Miguel de Allende—after all, "geography is destiny," as the saying goes. This municipality, one of 46 in the State of Guanajuato, occupies almost 600 square miles (1,563 square kilometers), with the town of San Miguel de Allende located so that most capillas are not more then 12 miles (19 kilometers) distant as the crow flies from La Parroquia. But driving is another matter, and reaching some of these capillas can take more than an hour.

The part of the municipality that we have explored (western central San Miguel) is a relatively level *altiplano* or "high plane," where communities visited range in elevation from 6,070 feet (1,850 meters) to 6,365 feet (1,940 meters). The predominate climate is dry temperate, with moderately warm and rainy summers and cool dry winters. The average rainfall is 21.7 inches, with a range in the last ten years of 15 inches to 26 inches. The Laja is the only significant river and is known to have good birding along its banks.

Land use in western central San Miguel is as follows: 42 percent agricultural, 27 percent secondary vegetation, 22 percent grassland, 6 percent pine forests, and 2 percent xeric (extremely dry). We were surprised to learn that Mexico has more native pine species (estimated at 50) than any other country.

And, finally, where do the people in this municipality live? About 53 percent live in rural areas, 44 percent in urban areas, and 3 percent in semi-urban areas. Only by exploring the countryside around San Miguel will you see where most of the people live.

Introducción

Una vez que hubimos decidido publicar un libro, tratamos de encontrar respuestas a las preguntas que teníamos sobre historia, geografía, arquitectura, arte y religión. En el proceso leímos varios libros, escaneamos numerosos documentos y artículos en Internet, entrevistamos tanto a mexicanos como a extranjeros, y en general, seguimos nuestra intuición para descubrir e incluir detalles que pudieran enriquecer y facilitar el entendimiento de la zona. Tratamos de incluir solamente información de fuentes confiables, sin embargo, ninguna de nosotras es académica o investigadora – somos simplemente apasionadas del tema. Lo que sigue en esta introducción proveerá al lector – eso esperamos – de un contexto para explorar y empezar a entender el México rural y las capilla, que han estado envueltas por siglos de silencio.

Primero, un poco de las características físicas de San Miguel de Allende – después de todo, "lageografía es destino", como dice el dicho. El municipio, uno de los 46 en el Estado de Guanjuato, ocupa casi 1,563 kilómetros cuadrados, con la ciudad de San Miguel ubicada de manera que las capillas no quedan a más de 19 kilómetros de la Parroquia. Sin embargo, debido a lo intrincado de algunos caminos, llegar hasta algunas de las capillas puede tomar hasta más de una hora.

La parte del municipio que exploramos (el centro oeste de San Miguel) está ubicada a un nivel de altiplano, en donde las comunidades visitadas tienen una elevación que oscila entre los 1,850 metros a los 1,940 metros sobre el nivel del mar. El clima predominante es templado seco, con veranos moderadamente cálidos y lluviosos e inviernos frescos y secos. La precipitación pluvial promedio es de 21.7 pulgadas, con un rango en los últimos diez años de 15 a 26 pulgadas. El Laja es el único río importante y es conocido por sus buenas condiciones para observación de aves a lo largo de sus riveras.

El uso de la tierra en la parte centro-oeste de San Miguel es como sigue: 42 por ciento agrícola, 27 por ciento vegetación secundaria, 22 por ciento pastizal, 6 por ciento bosques de pinos y 2 por ciento extremadamente árida. Nos sorprendimos al descubrir que México cuenta con más especies de pinos nativos que ningún otro país.

Y finalmente, ¿en dónde vive la gente en este municipio? Cerca del 53 por ciento vive en el área rural, 44 por ciento en zona urbana y 3 por ciento en áreas semi-urbanas. Sólo explorando el campo que rodea San Miguel puede uno percatarse de en donde vive la mayoría de la gente.

Over the last five centuries, much of the landscape in this part of Mexico has been transformed by deforestation. It is hard to imagine what the landscape looked like before the Spaniards arrived and forever changed it with their mining and agricultural practices.

Researchers estimate that, between 1558 and 1804, 121,870 square miles (315,642 square kilometers) in the silver mining regions of New Spain were cleared to smelt silver—an area about the size of Poland. During that time, silver mining occurred in a world without coal or electricity, and only wood and fire were used for extraction and smelting. Guanajuato—where San Miguel de Allende is located—was one of the mining regions where forests were cleared, and an estimated 21,808 square miles (56,483 square kilometers) of forested land were lost. The current State of Guanajuato occupies a little more than half that area.

Children drawing while authors paint   L. Whynman

Of the 27 designated indigenous pueblos in the municipality, we have explored eight: Banda, Ciénega de Juana Ruíz, La Cieneguita, La Cruz del Palmar, La Palmita Dos, Oaxaca, Peña Blanca, and San Isidro de Bandita. An indigenous language, usually Otomi, is spoken by 629 people in the municipality.

One of the joys of our adventure has been interacting with school children who shyly watch and sometimes join us in painting or drawing. The average level of educational attainment in the municipality is 7.17 years, with a literacy rate of 97.9 percent for those under 25 and 82.8 percent for those over 25. The level of education and literacy is lower in rural areas because, historically, there have been fewer schools there. Some older Mexicans in rural areas did not have an education beyond primary school in their youth.

Since this book is about capillas, let's look a little more closely at this type of religious architecture that so dominates the countryside. A religious building in Spanish may be referred to as a *parroquia, iglesia, oratorio, capilla, templo, convento, calvario, monasterio,* or *santuario*. Although San Miguel has excellent examples of many of these, in the surrounding communities we found mostly capillas—but of all possible descriptions: some new, six lovingly and recently restored, many well preserved and in use, many more abandoned, and some in ruins. Those capillas that still have a religious function are centers for their communities, where feast days of the patron saint or saints are celebrated annually and where baptisms, confirmations, weddings, anniversaries, and funerals occur.

A lo largo de cinco siglos, gran parte del paisaje de esta parte de México ha sido transformado por la deforestación. Es difícil imaginar cómo se veía el paisaje antes de la llegada de los españoles y de que fuera cambiado para siempre con sus prácticas mineras y agrícolas.

Los investigadores han estimado que entre 1558 y 1804, 315,642 kilómetros cuadrados de bosques en las áreas mineras de la Nueva España fueron devastadas para extraer plata – una superficie aproximadamente del tamaño de Polonia. Durante este tiempo, la extracción de plata se llevaba a cabo sin carbón o electricidad y solamente se utilizaban madera y fuego para su obtención y proceso.

El estado de Guanajuato, en donde se ubica San Miguel, fue una de las regiones mineras en donde los bosques fueron talados y se estima que se perdieron 56,483 kilómetros cuadrados de regiones boscosas. El actual estado de Guanajuato ocupa poco más de esa área.

De los 27 pueblos designados como indígenas en el municipio, exploramos ocho: Banda, Ciénega de Juana Ruíz, La Cieneguita, La Cruz del Palmar, La Palmita Dos, Oaxaca, Peña Blanca y San Isidro de Bandita. En el municipio, 629 personas hablan algún lenguaje indígena – principalmente otomí.

Uno de los deleites de nuestra aventura fue interactuar con niños en edad escolar que nos miraban tímidamente y a veces se nos unían para pintar o dibujar. El tiempo promedio en que los niños del municipio asisten a la escuela es de 7.17 años, con un índice de alfabetización de 97.9 por ciento para menores de 25 años y 82.8 para mayores de 25. El índice de educación y alfabetización es menor en las zonas rurales debido a que históricamente ha habido menos escuelas en el campo. Algunos mexicanos mayores en las áreas rurales no asistieron más que a la primaria en su juventud.

Puesto que este libro es sobre las capillas, vamos a hablar un poco más de cerca sobre este tipo de arquitectura religiosa, que predomina en el campo. Algunas son nuevas, hay seis que están hermosamente restauradas y que están en uso, muchas más se encuentran abandonadas y algunas incluso en ruinas. Aquellas capillas que aún tienen una función religiosa, son los centros de su comunidad, en donde se celebran anualmente las festividades del santo o santos patronos y en donde ocurren bautizos, confirmaciones, bodas, aniversarios y funerales.

La Cruz del Palmar   L. Whynman

A *capilla* is a chapel, a place of worship with its own altar. In the area we explored, most capillas consist of only a single enclosed room, usually with tiny windows. The smallest capillas tend to be square, and the larger ones tend to be rectangular. Some have a small side room as well. All have simple altars, and almost all have one bell tower. There is a homogeneity in design among the capillas, with simplicity and restraint being attractive keynotes.

We have been able to go inside about a quarter of the capillas we have painted. Some have already been open when we arrived, and, at other sites, because we have stayed for several hours, the *mayordomo* or the owner has come by to see what we are doing. Each functioning capilla has a mayordomo nearby who has the key and the responsibility for the capilla. When someone opens a capilla for us, we give a donation.

Do not expect to find original interiors in good condition. Most of the functioning capillas have been restored more than once, and the interiors are of fairly recent origin. However, there are some capillas and calvarios with faded, barely visible wall paintings and decorations that seem to be centuries old, or even original. These paintings have been done with a limited palette that includes ochres, black, white, brick red, and blue. Common themes, styles, designs, and colors hint that several artisans might have painted more than one capilla.

Interior, Capilla de San Isidro Labrador L. Whynman
Interior de la Capilla de San Isidro Labrador

In Robert de Gast's book there are pictures of *capillas abiertas*, or "open chapels," one of the most distinctive forms of Mexican construction. Built mostly during the early colonial period, the capilla abierta was basically an open presbytery containing an altar in front of which a large number of people could gather. We have seen one new capilla abierta near San Isidro Capadero (GPS N 20° 56.439' W 100° 51.673').

Cada capilla tiene su propio altar. En el área que exploramos, la mayoría de las capillas consiste en de una sola habitación cerrada, generalmente con pequeñas ventanas. Las capillas más péquelas tienden a ser cuadradas y las más grandes rectangulares. Algunas tienen una habitación pequeña adjunta. Todas tienen altares simples y casi todas tienen un campanario. Hay homogeneidad en el diseño de todas ellas, siendo la simplicidad y la austeridad atractivos importantes.

Tuvimos la oportunidad de entrar a cerca de un cuarto de las capillas que pintamos. Algunas ya habían sido abiertas cuando llegamos y otras, cuando después de varias horas de estar ahí pintando, se acercaban los mayordomos responsables para ver que estábamos haciendo y nos abrían las capillas. Cuando nos abrían alguna, dábamos una donación.

No hay que esperar encontrar interiores originales en buenas condiciones. Muchas de las capillas en operación han sido restauradas y los interiores son de origen reciente. Sin embargo, hay algunas capillas y calvarios con pinturas en los muros descoloridas y apenas visibles, que pareciera que datan de hace siglos e incluso pudieran ser originales. Estas pinturas fueron hechas con una paleta limitada que incluye ocres, negro, blanco, rojo ladrillo y azul. Los temas en común, los estilos, diseños y colores hacen suponer que un mismo artesano pudo haber pintado más de una capilla.

En el libro de Robert de Gast hay fotografías de capillas abiertas, una de las más distintivas formas de construcción mexicana. Construida principalmente durante el inicio del periodo colonial, la capilla abierta era básicamente un presbiterio abierto, que contenía un altar frente al cual se podía reunir una gran cantidad de gente. Vimos una capilla abierta nueva cerca de San Isidro Capadero (GPS N 20° 56.439' W 100° 51.673').

Capilla abierta   *R. Whitlatch*

Atrium (atrio), Capilla de San Isidro Labrador   R. Whitlatch

Most capillas have sizable walled-in atriums, or *atrios*. In centuries past it was the custom for the hacienda owner and his or her family to attend mass inside the capilla and for the indigenous people who worked on the hacienda to stand outside in the atrium. Within the atrium there is usually one or more *calvarios* which are small, doorless niches or tiny freestanding buildings decorated with crosses, floral offerings, and candles. It is worth inspecting the larger calvarios, as a few feature paintings or stone carvings of indigenous origin.

In San Miguel de Allende, as in all of Mexico, the history of land use is complicated. It is worth exploring this history to understand the rural landscape today and particularly the *ejido* land-use system (a uniquely Mexican form of rural land ownership).

Some communities, such as Cruz del Palmar, predated the Spanish conquest. It was founded in 1519 by the Otomi, one of the indigenous populations living in the central Mexican plateau; however, prior to the Spanish conquest, much of this part of Mexico was inhabited by the nomadic and seminomadic Chichimecas, who did not construct settlements. Hernán Cortés conquered Mexico in 1521, and the first records of a Spanish presence in the area of San Miguel date from the founding of a tiny settlement near San Miguel Viejo in 1542 or thereabouts. After the discovery of silver in Zacatecas in 1546 and in Guanajuato in 1548, San Miguel began to steadily grow, and it eventually prospered by supplying the silver mining areas nearby.

During the early colonial period, wealthy Spaniards and the Catholic Church established large haciendas and conscripted indigenous people to work on the haciendas as tenants, sharecroppers, and day-workers. In the late 1500s and early 1600s workers were in short supply for work on the haciendas because the indigenous population had been decimated by disease. During this period, hacienda owners had to offer incentives to workers—or import slaves. As the indigenous population started to recover, their living and working conditions became grimmer. Hacienda owners no longer needed to offer incentives because there were plenty of workers. Many indigenous people became landless and worked on marginal land or for extremely poor wages. Cycles of drought and disease added to the misery of the most impoverished.

La mayoría de las capillas tienen considerables atrios amurallados. Durante siglos fue la costumbre del hacendado y de su familia, asistir a misa dentro de la capilla mientras que los indígenas que trabajaban la escuchaban de pie en el atrio. Dentro del atrio hay generalmente uno o más calvarios, que son pequeños nichos sin puerta o pequeñas construcciones decoradas con cruces, ofrendas florales y velas. Vale la pena inspeccionar los grandes calvarios, así como las pocas pinturas o las esculturas de piedra de origen indígena.

En San Miguel de Allende como en todo México, la historia del uso de la tierra es complicada. Vale la pena explorar esta historia para entender el actual paisaje rural y particularmente el sistema ejidal de uso de la tierra.

Algunas comunidades como Cruz del Palmar datan desde antes de la Conquista. Fue fundada en 1519 por los otomís, una de las poblaciones indígenas que viven en la parte central de la meseta mexicana; sin embargo, antes de la Conquista, una gran extensión de esta parte de México estaba habitada por tribus chichimecas, nómadas y seminómadas, que por lo tanto no se establecieron en comunidades. Hernán Cortés conquistó México en 1521 y los primeros registros de presencia española en San Miguel datan de la fundación de asentamiento cerca de San Miguel Viejo alrededor de 1542. Después del descubrimiento de plata en Zacatecas en 1546 y en Guanajuato en 1548, San Miguel comenzó a tener un crecimiento continuo y eventualmente prosperó por estar en el cruce de caminos de las áreas mineras cercanas.

Durante los primeros años de la época colonial, los españoles adinerados y la Iglesia Católica establecieron grandes haciendas y reclutaron indígenas para trabajar las tierras como pequeños propietarios, medieros o peones. A finales del siglo XVI y principios del XVII no había mano de obra disponible debido a que las enfermedades habían reducido la población indígena. Durante este período los hacendados ofrecieron incentivos a los trabajadores o importaron esclavos. Conforme la población indígena empezó a recuperarse, sus condiciones de trabajo se hicieron cada vez peores. Los hacendados ya no tenían que ofrecer incentivos porque ahora había exceso de mano de obra. Muchos indígenas se quedaron sin tierras o con tierras muy pobres, o bien trabajando por salarios miserables. Además, las sequías y las enfermedades se añadieron a la miseria de los más empobrecidos.

Hacienda remains, Cruz del Palmar
Los restos de la hacienda L. Topinka

By the 1700s there were some 30 haciendas in the area of San Miguel and more than 60 ranchos. Few indigenous pueblos remained. Most indigenous people lived on the haciendas and ranchos, although some lived in San Miguel and worked in often deplorable conditions in the *obrajes* (textile factories). San Miguel's obrajes were particularly known for woolen rugs and serapes. The War of Independence (1810–1821) did little to change the living and working conditions of the indigenous people, even though many thousands fought and died in the war.

For the next century, the hacienda system continued and even expanded under president Porfirio Diaz. Landlessness was a serious issue in Mexico and contributed substantially to the outbreak of the Mexican Revolution in 1910. *"Tierra y Libertad"* (land and liberty) was one of the slogans of the revolution.

Mexico did implement a large-scale land reform between 1917 and 1992. The reform, by constitutional amendment, distributed more than 100 million hectares (50 percent of the country's arable land) from hacienda owners to groups of households organized into ejidos. There are 1,559 ejidos in the State of Guanajuato. In a typical rural *ejido*, one sees areas with many dwellings, capillas, and small shops close together and surrounded by cropland or pastureland. The cropland or pastureland can be communally farmed or individually parceled out.

Until 1992, the government retained ownership of all ejido lands, so they could not be sold or used as collateral. For a variety of reasons (marginal land, small plots, no ability to borrow money), the ejidos were not highly productive, and, in 1992, the constitution was amended again to allow privatization and market transfers of ejidal land rights. Since 1992, no new land has been allowed to become an ejido. This constitutional amendment created the possibility of significant changes in rural Mexico, such as the ability of foreigners to buy ejido lands.

To date, however, land rights have not changed hands on a large scale, with only 2.5 percent of ejido property having shifted from public to private ownership. The rural landscape and ownership remain much as they had been for the last century. Most of the communities or ranchos in this book are part of the ejido system, a uniquely Mexican form of rural land ownership.

Ejido lands near San Isidro de Bandita   L. Topinka
Tierras ejidales cerca de San Isidro de Bandita

En el siglo XVIII había alrededor de 30 haciendas en el área de San Miguel y más de 60 ranchos. Quedaban sólo unos pocos pueblos indígenas. La mayoría de los indígenas vivía en haciendas o ranchos, aunque algunos vivían en los barrios de San Miguel y trabajaban en deplorables condiciones en los obrajes – fábricas textiles. Los obrajes de San Miguel tenían fama debido a sus tapetes y sarapes de lana. La Guerra de Independencia (1810-1821) logró pocos cambios en las condiciones de vida y de trabajo de los indígenas, aún y cuando muchos de ellos lucharon y murieron en la guerra.

Durante el siguiente siglo el sistema de haciendas continuó e incluso se expandió bajo la presidencia de Porfirio Díaz. La carencia de la tierra era un gran problema en México y contribuyó sustancialmente al estallido de la Revolución Mexicana en 1910. "Tierra y Libertad" era uno de los lemas de la Revolución.

México implementó una reforma a gran escala en las leyes de tenencia de la tierra que se mantuvo vigente entre 1917 y 1992. Mediante esta reforma constitucional se incautaron más de 100 hectáreas (50 por ciento de la tierra arable del país) propiedad de los hacendados y se distribuyeron entre los campesinos formando ejidos. Hay 1,559 ejidos en el Estado de Guanajuato. En un típico ejido, se ven grupos de viviendas, capillas y pequeños tendajones, rodeados de tierras de cultivo o pastizales, que pueden ser cultivadas comunal o individualmente.

Hasta 1992, el gobierno retuvo la propiedad de los ejidos, por lo que no podían venderse o rentarse. Por diferentes razones, (tierra pobre, parcelas pequeñas o la imposibilidad de los ejidatarios para pedir préstamos) los ejidos resultaron poco productivos. En 1992, la ley fue reformada y se permitió la privatización de los ejidos y las transacciones comerciales de tierras ejidales. Desde 1992, no se permite la creación de nuevos ejidos. Esta modificación ha traído cambios significativos en el México rural, como la posibilidad de que los extranjeros compren tierras ejidales.

Sin embargo, a la fecha, la propiedad de la tierra no ha cambiado en gran escala, pues sólo un 2.5 por ciento de los ejidos han pasado de ser propiedad pública a propiedad privada. El paisaje y la propiedad rural permanecen tal y como han estado durante el siglo pasado. La mayoría de las comunidades o ranchos que aparecen en este libro son parte del sistema ejidal, un sistema exclusivamente mexicano de propiedad de la tierra.

Ejido lands near El Saucillo   L. Topinka
Tierras ejudakes cerca de El Saucillo

We have found as many as five capillas in a single tiny community. One wonders who built all these capillas, and when. The answer is not easy to discover and, for a specific capilla, might never be known. Today, in the municipality of San Miguel, 94 percent of the Mexicans identify themselves as Catholic, and the State of Guanajuato has the largest percentage of Catholics in Mexico. The religious conversion of Mexico to Catholicism was as important as the secular conquest and settlement of Mexico by the Spaniards.

After Cortés defeated the Aztecs in 1521, he immediately requested the assistance of mendicant orders for conversion and settlement. Mendicant orders are religious orders whose members are forbidden to own property individually or in common and must work or beg for their living. The Franciscans were the first mendicant order to send friars from Spain, with a symbolic dozen arriving in 1524. They were quickly followed by the arrival of the Dominicans in 1526 and the Augustinians in 1533, with each order competitively carving up parts of Mexican territory for themselves. The Jesuits, not a mendicant order, were founded in 1540 and thus arrived in Mexico considerably later, in 1571. All told, the mendicant orders established 942 missions during the colonial period, of which the Franciscan order established 610, the Dominican order 192, and the Augustinian order 140. The Jesuit order established 203 missions.

The Jesuits acquired considerable land, wealth, and power in a short time. They became important landowners in Mexico during the colonial period, administering large haciendas used to maintain their schools and universities (which elite Spaniards attended). In a short time in 1767—indeed, almost overnight—the Jesuits were expelled from Mexico, and they did not return until 1814. That is a story in itself, and one that remains something of a historical mystery.

Cortés requested the mendicant orders because, in principle, they were less likely to compete with the Spanish conquerors for land and resources, as the friars and their orders had renounced worldly goods. In Europe, at that time, the secular or parish priests held mass and delivered the sacraments, whereas the mendicant friars did not. However, in New Spain, members of these mendicant orders functioned for many years as parish priests. With a utopian fervor, the mendicant friars focused primarily on the education and well-being of the indigenous people. That focus, together with their all-too-human interest in building grand cathedrals and monasteries, led to directives from Spain to replace the "meddling" mendicant friars with parish priests. Well into the 17th century, however, there were not enough parish priests to replace the mendicant friars. Thus, San Miguel saw the early arrival of the Franciscan friars at the time of the founding of the settlement; then, as the 16th century wore on, secular or parish priests and other mendicant orders arrived.

Hemos encontrado hasta cinco capillas en una misma comunidad. Uno se pregunta quien las construyó y cuando. La respuesta no es fácil de descubrir y podría nunca saberse para una determinada capilla en específico. Actualmente en el municipio de San Miguel, el 94 por ciento de los mexicanos se identifican como católicos y el estado de Guanajuato tiene el mayor porcentaje de católicos en el país. La conversión religiosa de México al catolicismo fue tan importante como la conquista secular y la colonización española.

Después de que Cortés derrotó a los aztecas en 1521, pidió inmediatamente la ayuda de órdenes religiosas mendicantes para la evangelización de los indígenas. Las órdenes mendicantes son aquellas cuyos miembros tienen prohibido tener propiedades, tanto individuales como comunales, y deben de trabajar o mendigar para sobrevivir. Los franciscanos fueron la primera orden mendicante que envió frailes de España, con una simbólica docena en 1524. Los siguieron rápidamente los dominicos en 1526 y los agustinos en 1524. Cada orden competía por repartirse los diferentes territorios del país para evangelizarlos. Los jesuitas, que no eran mendicantes, se fundaron en 1540 y llegaron a México considerablemente más tarde, en 1571. Las órdenes mendicantes establecieron en total 942 misiones durante la época de la colonia, de las cuales 610 fueron franciscanas, 192 dominicas y 140 agustinas. Los jesuitas establecieron 203 misiones.

Los jesuitas adquirieron considerables extensiones de territorio, además de poder y riqueza en muy poco tiempo. Se convirtieron en importantes terratenientes en México durante la época colonial, administrando grandes haciendas que utilizaban para mantener sus escuelas y universidades (a las que asistía la élite española). En un corto periodo, en 1767 – casi en secreto – los jesuitas fueron expulsados de México y no regresaron sino hasta 1814. Esta es otra historia que además permanece bajo cierto misterio histórico.

Cortés quería órdenes mendicantes porque, en un principio, era menos probable que éstas compitieran con los conquistadores españoles por tierras y recursos, pues tanto los frailes como sus órdenes habían renunciado a los bienes materiales. En Europa, en aquellos tiempos, sólo los sacerdotes seculares podían ser párrocos en las iglesias, celebrar misa y dar los sacramentos, más no así los frailes. Sin embargo, en la Nueva España, estos frailes ejercieron por mucho tiempo como párrocos. Con un fervor utópico, se enfocaron en la educación y bienestar de los indígenas. Ese enfoque, junto con su interés demasiado humano de construir grandes catedrales y monasterios, llevó a las autoridades españolas a reemplazar a estos "entrometidos" frailes mendicantes con párrocos seculares. Ya avanzado el siglo XVII, sin embargo, no hubo suficientes párrocos para reemplazar a todos los frailes. Así, San Miguel vio la llegada temprana de los frailes franciscanos en el tiempo de la fundación de los asentamientos; después, más avanzado el siglo XVI, llegaron los sacerdotes seculares y otras órdenes mendicantes.

Most of the older capillas, even the ruins, are believed to date from as early as the 17th and 18th centuries, and certainly no later than the 19th or 20th century. Although rural capillas were constructed earlier, they have, in most cases, not survived or have been extensively rebuilt. One capilla on private property has the year of construction, 1865, carved in the lintel. The oldest capillas featured in this book were built by indigenous people, sometimes for themselves and sometimes for the hacienda owners. On some haciendas, each subsequent owner had a new capilla built. Mexicans living in rural areas have continued to build capillas, with some of quite recent origin.

Whereas many of the grand churches and monasteries in the large cities of Mexico can be identified as Franciscan, Dominican, or Augustinian, with symbols of the order prominently incorporated in the architecture, these humble capillas do not usually speak to a specific mendicant origin but, on close inspection, feature a combination of indigenous and Christian symbols. We have found the Caravaca cross (with its double crossbar) carved in stone on more than one capilla. This form of the cross, popular in Mexico and Spain, was brought to the new world by the Franciscan missionaries. When visiting the capillas, look closely at the bell towers and exterior stone facings for carvings of angels and devils, along with other creatures and symbols of indigenous origins. Whole studies could be done on symbolism in capillas, but we will leave that to others to pursue.

Caravaca Cross   L. Topinka
Cruz de Caravaca

There are many stories to tell and capillas to visit. In this book we suggest various routes through the countryside. Robert de Gast found and photographed some 300 capillas in and around San Miguel over the course of a year and suggests there are more waiting to be discovered. In our explorations of a small part of the municipality, we found three capillas that were not listed in de Gast's book.

Se piensa que la mayor parte de las antiguas capillas, aún las que están en ruinas, datan de no antes de los siglos XVII y XVIII y no después del siglos XIX o XX. Aunque las capillas rurales se construyeron antes, en muchos casos no sobrevivieron o fueron reconstruidas. Una de las capillas, que se encuentra en propiedad privada, tiene un dintel con el año 1865 grabado. Las capillas más antiguas que aparecen en este libro, fueron construidas por los indígenas, algunas veces por su propia cuenta, otras por cuenta de los hacendados. En algunas de las haciendas, cada nuevo propietario mandaba construir otra capilla. Los habitantes de las comunidades han continuado construyendo capillas, siendo algunas bastante recientes.

Mientras muchas de las grandes iglesias y monasterios en las grandes ciudades de México se pueden identificar como franciscanas, dominicas o agustinas, con símbolos de la orden prominentemente incorporados en la arquitectura, estas humildes capillas generalmente no hablan de un específico origen mendicante. Inspeccionándolas detenidamente, se observan combinaciones de símbolos tanto indígenas como cristianos. Encontramos la cruz de Caravaca (con sus barras dobles cruzadas) labrada en piedra en más de una capilla. Esta forma de cruz, popular en México y España, fue traída al Nuevo Mundo por los misioneros franciscanos. Al visitar las capillas, hay que observar de cerca los campanarios y las fachadas de piedra exteriores para detectar los ángeles y demonios labrados, junto con otras criaturas y símbolos de origen indígena. Se podrían hacer estudios completos sobre el simbolismo en las capillas, pero eso lo dejaremos en otras manos.

Hay muchas historias que contar y muchas capillas que visitar. En este libro sugerimos varias rutas a través del campo. Robert de Gast encontró y fotografió alrededor de 300 capillas dentro y en los alrededores de San Miguel en el curso de un año y sugiere que que aún hay más esperando a ser descubiertas. En nuestras incursiones por una pequeña parte del municipio encontramos tres capillas que no estaban incluidas en el libro de de Gast.

Two-headed eagle symbol, Iglesia de San Nicólas, Don Francisco
Símbolo del aquila bicefala L. Topinka

Chapter One / Capítulo Uno

A One-Day Tour of the Capillas
Tour de un día por las capillas

The route described in this chapter is a pleasant day trip from San Miguel. Driving the entire circular route and photographing all the capillas along the route will take approximately three-and-a-half hours. Painting or birding will add a couple of hours, as will dining in one of the fine restaurants along the way. We have added GPS coordinates for each capilla on this route

La ruta descrita en este capítulo es un placentero viaje de un día desde San Miguel. Recorrer todo el circuito y fotografiar todas las capillas a lo largo de la ruta lleva aproximadamente 3 horas y media. Pintar u observar aves añadiría un par de horas, así como comer algo en alguno de los excelentes restaurantes que hay por el camino. Hemos añadido coordinadas GPS para cada capilla en esta ruta.

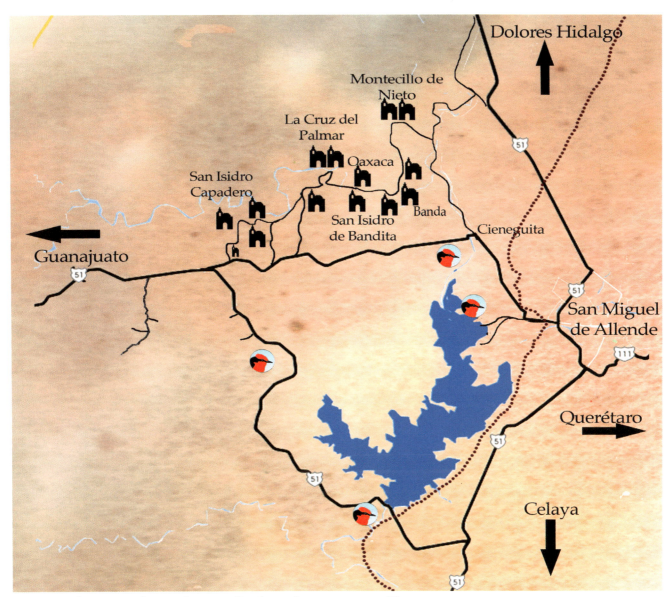

Maps and more information can be found at www.capillasma.org
Mapas y informacion más puede dercargarse de www.capillasma.org

Montecillo de Nieto
Population: 173; dwellings: 23; elevation: 6,102 feet (1,860 meters).

Two capillas have been carefully restored and cannot be missed, as they are right along the road. The rosy pink **Capilla de la Virgen de Guadalupe** (N 20° 59.148′ W 100° 48.742′) has never been open the several times we have been by, but it is said to have an old altar. We had to paint this one from the small shoulder along the road in the sun, persisting despite a mishap or two with falling chairs and easels. We are not easily deterred. In May, the community celebrates the festival of the Virgin of Guadalupe with an all-night vigil, prayers, fireworks, and, after mass on Sunday, a horse race.

Montecillo de Nieto
Población: 173; viviendas: 23; elevación: 1,860 metros.

Dos de las capillas fueron cuidadosamente restauradas y no pueden pasar desapercibidas puesto que están a la orilla del camino. La rosada **Capilla de la Virgen de Guadalupe** (N 20° 59.148′ W 100° 48.742′) nunca fue abierta en las muchas veces que estuvimos por ahí, pero se dice que tiene un altar antiguo. Tuvimos que pintarla desde un montículo al otro lado del camino, bajo el sol, persistiendo a pesar de un par de accidentes con las sillas y caballetes que se caían. En mayo, la comunidad celebra la fiesta de la Virgen de Guadalupe con una vigilia durante toda la noche, rezos, fuegos artificiales, y, después de la misa dominical, una carrera de caballos.

Capilla de la Virgen de Guadalupe   L. Topinka

Next door is **Capilla del Señor Santiaguito** (N 20° 59.183′ W 100° 48.784′), another restored capilla and a safer painting venue with welcome shade. We happened to paint this lovely capilla on Good Friday when the entire community celebrated with a parade, mass, and meal. Extending ever-gracious Mexican hospitality, the community and visiting missionaries from Guanajuato brought us *atole* (a thick, corn based beverage) and tamales. July 25 marks a community celebration with a vigil, prayers, fireworks, and a horse race.

Casi enseguida está **la Capilla del Señor Santiaguito** (N 20° 59.183′ W 100° 48.784′), otra capilla restaurada y con un sitio seguro para pintarla, al abrigo de una amigable sombra. Dió la coincidencia de que pintáramos esta adorable capilla en un Viernes Santo, cuando toda la comunidad celebraba con una procesión, una misa y comida. Haciendo gala de la hospitalidad mexicana, la comunidad y unos misioneros visitantes de Guanajuato nos invitaron atole y tamales. El 25 de julio se lleva a cabo la fiesta de la comunidad, también con una vigilia, rezos, fuegos artificiales y carreras de caballos.

Capilla del Señor Santiaguito   L. Whynman

A capilla hidden from view lies between Montecillo de Nieto and next rancho, Banda. It can be found by veering to the left at the sign indicating **Capilla del Señor de Santiaguito** (N 20° 57.970′ W 100° 48.945′). Some capillas have the same names because there are a limited number of favored patron saints of farmers and workers. Although we always try to find the mayordomo (who has the key to the gate and the capilla), we sometimes must paint from outside the wall, as we did here.

Hay una capilla escondida entre Montecillo de Nieto y el rancho de Banda. Puede encontrarse dando vuelta a la izquierda justo en el letrero que dice **Capilla del Señor de Santiaguito.** (N 20° 57.970′ W 100° 48.945′). Algunas capillas tienen el mismo nombre pues hay un número limitado de santos patronos para los campesinos. Aunque siempre tratábamos de encontrar al mayordomo (quien tienen la llave de la reja y de la capilla), algunas veces tuvimos que pintar desde afuera de la barda, como lo hicimos aquí.

Capilla del Señor Santiaguito   L. Whynman

Banda
Population: 361; dwellings: 73; elevation: 6,070 feet (1,850 meters).

The large and well-preserved **Capilla del Santo Niño** (N 20° 57.771' W 100° 49.137') is on the left in Banda. This is one of the capillas we couldn't get quite right, so we painted it twice. In the intervening months, the colors on parts of the walls changed, so be warned that the color of the capilla in our paintings may be different from what you see. These old buildings are lovingly cared for and frequently repainted.

At this capilla, turn left for a short detour to the massive Presa de Santa Rosa (N 20° 57.716' W 100° 49.075') across the Rio San Marcos. Many *presas* (dams) and aqueducts were built during the colonial period, and their remains can be seen across the countryside.

Presa de Santa Rosa
R. Whitlatch

Banda
Población: 361; viviendas: 73; elevación: 1,850 metros.

La grande y bien conservada **Capilla del Santo Niño** (N 20° 57.771' W 100° 49.137') está a la izquierda de Banda. Esta es una de las capillas que no pudimos captar muy bien, por lo que tuvimos que regresar y pintarla de nuevo. En los meses que transcurrieron, los colores de parte de las paredes cambiaron, por lo que debemos advertir que los colores de las capillas pudieran diferir de lo que se ve actualmente. Estos antiguos recintos son cuidados amorosamente y frecuentemente repintados.

Pasando esta capilla se puede dar vuelta a la izquierda para desviarse un poco hacia la gran Presa de Santa Rosa (N 20° 57.716' W 100° 49.075'), del otro lado del río San Marcos. Se construyeron muchas presas y acueductos durante la época de la colonia, cuyos restos pueden encontrarse aún en algunos lugares del campo sanmiguelense.

Capilla del Santo Niño   L. Whynman

A ways beyond Banda is an enduring stone capilla known as **Capilla de San José** (N 20° 57.847' W 100° 49.332'). The date of construction (August 15, 1865) is carved in the lintel along with the name of the *albañil* (mason), Pedro Pedro García. This capilla is exceptional in that the construction date and builder are known. While we were painting this capilla through the chain link fence, the owners drove by and stopped to see what we were doing. Graciously, they opened the gate and invited us in.

Más allá de Banda hay una antigua capilla de piedra conocida como **Capilla de San José** (N 20° 57.847' W 100° 49.332'). La fecha de construcción (15 de agosto de 1865) está labrada en el dintel junto con el nombre del albañil que la construyó, Pedro García. Esta capilla es única en el aspecto de que se conocen su fecha de construcción y el nombre de su constructor. Mientras pintábamos este capilla a través de la cerca de alambre, los dueños salieron para ver lo que estábamos haciendo. Muy amablemente abrieron la reja y nos invitaron a pasar.

Capilla de San José   L. Topinka

San Isidro de Bandita

Population: 102; dwellings: 17; elevation: 6,184 feet (1,885 meters).

Off to the left and easily seen from the road is the fully restored **Capilla de San Isidro Labrador** (N 20° 57.781' W 100° 49.889'). San Isidro Labrador is the patron saint of farmers, builders, and this community. The capilla has an altar to San Isidro, as well as altarpieces of the Virgin of Guadalupe, our Lady of San Juan de los Lagos, and the coronation of the Virgin. May 15 is the community festival date celebrating San Isidro Labrador.

Several children painted with us. One or both of us usually has extra art supplies for small groups of children. Some of the children have had experience drawing and can quickly render a good pencil likeness.

San Isidro de Bandita

Población: 102; viviendas: 17; elevación: 1,885 metros.

Hacia la izquierda se puede divisar fácilmente desde la carretera la capilla completamente restaurada **Capilla de San Isidro Labrador** (N 20° 57.781' W 100° 49.889'). San Isidro Labrador es el santo patrono de los habitantes de esta comunidad. La capilla tiene un altar en honor al santo patrono, así como retablos en honor a la Virgen de Guadalupe, a Nuestra Señora de San Juan de los Lagos y a la coronación de la Virgen. La festividad de la comunidad en honor a San Isidro es el 15 de mayo.

Muchos niños pintaron con nosotras. Generalmente llevábamos material extra para pequeños grupos de niños. Algunos de ellos tenían algo de experiencia dibujando así es que eran capaces de hacer rápidamente buenos dibujos a lápiz.

Capilla de San Isidro Labrador   L. Whynman

Oaxaca

Population: 39; dwellings: 10; elevation: 6,068 feet (1,855 meters).

In this small village are two capillas quite close to one another. The pink one is **Capilla de San Mateo** (N 20° 57.863' W 100° 50.091'). At the base of the main altar is a painted wooden sculpture of San Mateo; at the top is a figure of the Peruvian saint called San Martin de Porres. The chapel also has painted altarpieces of the sacred heart of Jesus and the Virgin of Guadalupe, as well as a painting on the back wall of a woman consumed by flames.

The date of construction (1870) is written on an interior wall along with information about the cost of construction of the capilla and cemetery which totaled a mere 234 pesos. The mayordomo, José, kindly unlocked the gate and door for us. He told us that he was elected by the community and as mayordomo has responsibility for overseeing community celebrations, such as the September 21 feast day of San Mateo.

For some reason, we didn't feel drawn to paint Capilla de Senora de Guadalupe, which was built in 1985. While we had planned to paint all the capillas on this route, some seemed difficult (our skills and patience have their limits) and others inaccessible or screened behind high walls.

Oaxaca

Población: 39; viviendas: 10; elevación: 1,855 metros.

En este pequeño pueblo hay dos capillas muy cerca la una de la otra. La rosada es la **Capilla de San Mateo** (N 20° 57.863' W 100° 50.091'). En la base del altar principal hay una escultura de San Mateo, de madera pintada; arriba hay una imagen del santo peruano San Martín de Porres. También hay retablos pintados dedicados al Sagrado Corazón de Jesús y a la Virgen de Guadalupe así como una pintura, en la pared del fondo, de las Ánimas del Purgatorio.

La fecha de construcción (1870) está inscrita en una pared junto con el costo de la construcción, el cementerio, la pintura y las bendiciones, dando un total de 234 pesos. El mayordomo, José, amablemente nos abrió la reja y la puerta de la capilla. Nos dijo que había sido elegido mayordomo por la propia comunidad, lo que incluía la responsabilidad de supervisar las fiestas del pueblo, como es la de San Mateo, el día 21 de septiembre.

Por alguna razón no nos sentimos atraídas para pintar la Capilla de Nuestra Señora de Guadalupe, que fue construida en 1985. Aunque habíamos planeado pintar todas las capillas en la ruta, algunas nos parecían difíciles (nuestras habilidades y paciencia tiene un límite) y otras eran inaccesibles o tapiadas por altas paredes.

Capilla de San Mateo   L. Whynman

La Cruz del Palmar

Population: 1,009; dwellings: 201; elevation: 6,102 feet (1,860 meters).

The town was founded in 1516 by the Otomi; the Spaniards arrived in 1560. With the help of Otomi laborers, the Spaniards built extensive hydraulic works in the area and began construction of the **Parroquia Cristo del Santo Entierro**. The parroquia was completed in 1700, and the calvario, on a nearby hill, in 1797. A church with the designation of parroquia is the parish church and has a resident priest. Two dozen active capillas in this general area share a priest who rotates from capilla to capilla. The community of La Cruz del Palmar is an ejido that acquired that designation in 1932.

From the main square, one can look through a large doorway into what was once part of an 18th-century hacienda of the Taboada family, with its still-colorful and elegant stenciled walls. Definitely worth a picture.

Robert de Gast lists four capillas and the calvario in this community. It took us several trips but we found all four capillas and the calvario. However, we painted only the main church, **Parroquia Cristo del Santo Entierro**, and the **Capilla de San Antonio** (N 20° 58.297′ W 100° 50.531′), which dates from the same period as the hacienda.

Small, squat capillas often have a flat facade extending above the roofline. Called *espadanas*, these facades are pierced in the upper section above the roofline and hung with bells. The older part of the Parroquia in the main square is a good example of an espadana hung with bells.

Driving is a bit tricky both getting to and getting out of Cruz del Palmar. It is worth a short side trip to visit the Calvario Cruz del Palmar (N 20° 57.936′ W 100° 50.703′), with the best view of the calvario on the way out of Cruz del Palmar.

Parroquia Cristo del Santo Entierro   L. Whynman

La Cruz del Palmar
Población: 1,009; viviendas: 201; elevación: 1,860 metros.

El pueblo fue fundado en 1916 por los otomís. Los españoles llegaron en 1560 y con la ayuda de los trabajadores otomís, contruyeron grandes obras hidráulicas en la zona y empezaron la construcción de **la Parroquia de Cristo del Santo Entierro**. La parroquia se terminó en 1700, y el calvario, ubicado sobre un cerro cercano, en 1797. La parroquia tiene un párroco residente y una docena de capillas activas comparten un mismo sacerdote que visita cada una de ellas. La comunidad de Cruz del Palmar adquirió la designación de ejido en 1932.

Desde la plaza principal se puede ver hacia adentro de una gran puerta que fuera parte de una hacienda del siglo XVIII y que perteneció a la familia Taboada, con sus aún coloridas y elegantemente decoradas paredes. Definitivamente, digna de una fotografía.

Robert de Gast describe cuatro capillas y un calvario en esta comunidad. Nos llevó varios viajes pero al fin encontramos tanto las cuatro capillas como el calvario. Sin embargo, sólo pintamos la iglesia principal, **la Parroquia de Cristo del Santo Entierro** y **Capilla de San Antonio** (N 20° 58.297' W 100° 50.531'), que data de la misma época que la hacienda.

Las capillas pequeñas y desproporcionadas frecuentemente tienen una fachada plana que se extiende por encima de la linea del techo. Llamadas espadanas, estas fachadas están perforadas en la parte superior por encima de la línea del techo y de ellas cuelgan las campanas. La parte más antigua de la parroquia en la plaza principal es un buen ejemplo de una espadana con campanas colgando.

Es un poco difícil y engañoso salir de Cruz del Palmar. Vale la pena desviarse un poco para visitar el calvario de Cruz del Palmar (N20° 57.936 'W 100° 50.703'), con la mejor vista en el camino a esta comunidad.

Capilla de San Antonio   L. Topinka

San Isidro Capadero

Population: 107; dwellings: 21; elevation: 6,135 feet (1,870 meters).

There are two capillas across the road from each other. **Capilla de San Pedro** is on private property and no longer in use. The more accessible structure, **Capilla de San Isidro Labrador** (N 20° 57.194' W 100° 51.534'), has its bell hanging from a tree. Many of the older capillas no longer have their bell or bells in the belfry. School let out while we were painting, and, for much of the afternoon, we had an audience.

Capilla de San Pedro   L. Whynman

San Isidro Capadero
Población: 107; viviendas: 21; elevación: 1,870 metros.

Hay dos capillas frente a frente en ambos lados del camino. **La Capilla de San Pedro** está en propiedad privada y está en desuso. **La Capilla de San Isidro Labrador** (N 20° 57.194' W 100° 51.534'), de una estructura más accesible, tiene su campana colgando de un árbol. Muchas de las capillas más antiguas ya no tienen campanas en los campanarios. Los niños salieron de la escuela cuando estábamos pintando y durante gran parte de la tarde tuvimos público.

Capilla de San Isidro Labrador   L. Topinka

Up the road and on the right is **Capilla de los Tres Reyes Magos** (N 20° 57.054' W 100° 51.594'), which has a complex and appealing painted interior. The Banca family has cared for this capilla for three generations. On the altar is an image of Christ on a cross of mirrors, with an altarpiece of the three kings. On January 6 there is a community celebration for Día de Reyes. This is Epiphany on the church calendar and a day on which Mexican children receive gifts. As has been our luck throughout this adventure, we arrived to paint a few days after the community celebration and thus were able to add strings of colorful balloons to our paintings.

Even if you cannot find someone with a key to open this capilla, it is worth spending some time in the atrium to study the detailed carvings—particularly those on the capilla's doors. The calvario has a stone carving of a two-headed eagle on the ceiling.

On the way back to the highway, a modern capilla abierta (N 20° 56.439' W 100° 51.673') warrants closer inspection.

Camino arriba, a la derecha, está la **Capilla de los Tres Reyes Magos** (N 20° 57.054' W 100° 51.594'), con una compleja y atractiva pintura interior. En el altar hay una imagen de Cristo en una cruz de espejos, con un retablo dedicado a los Reyes Magos. El 6 de enero hay una festividad por el Día de Reyes, la Epifanía en el calendario religioso y el día en que los niños mexicanos reciben juguetes. La suerte nos ha acompañado a lo largo de esta aventura, y cuando llegamos a pintar esta capilla apenas hacía apenas unos días que había pasado la celebración, por lo que pudimos añadir listones de coloridos globos a nuestras pinturas.

Aún y cuando no se encuentre a nadie quien abra la capilla, vale la pena pasar un rato en el atrio, estudiando los detalles del tallado – particularmente en las puertas. El calvario tiene un águila de dos cabezas en el techo labrada en piedra.

En el camino de regreso, una capilla abierta moderna (N 20° 56.439' W 100° 51.673'), invita a una inspección más detallada.

Capilla de los Tres Reyes Magos   L. Topinka

Chapter Two / Capítulo Dos

Shorter Trips Featuring Remarkable Capillas
Viajes más cortos con capillas destacadas

Trip 1: Atotonilco and San Miguelito Dos

If you only have a short time and want to see El Santuario de Jesús Nazareno de Atotonilco, consider adding the two capillas at the rancho San Miguelito Dos to your visit.

Viaje 1: Atotonilco y San Miguelito Dos

Si sólo se dispone de poco tiempo y se desea ver el Santuario de Jesús Nazareno en Atotonilco, hay que considerar visitar las dos capillas en el rancho de San Miguelito Dos.

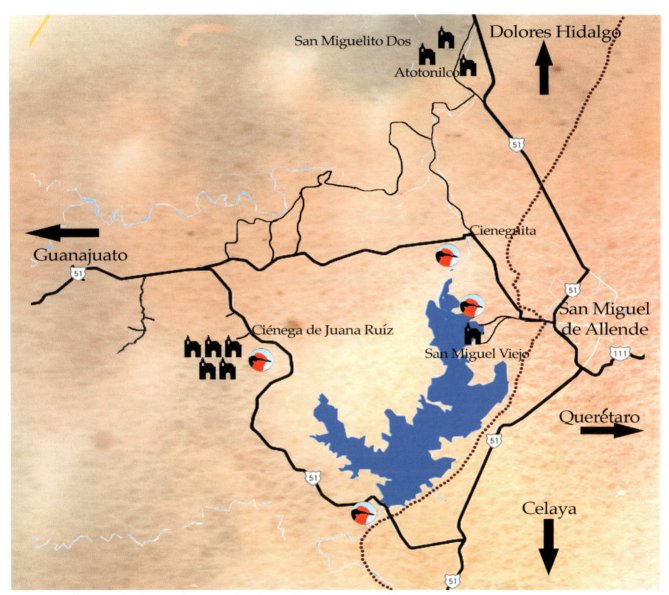

Maps and more information can be found at www.capillasma.org
Mapas y informacion más puede dercargarse de www.capillasma.org

Atotonilco

Population: 597; dwellings: 95; elevation: 6,266 feet (1,910 meters).

In Nahautl, Atotonilco means "place of hot waters," and there are, true to the name, a number of thermal springs nearby. Father Luis Felipe Neri de Alfaro founded the shrine of Jesús Nazareno de Atotonilco in 1740, and construction was mostly finished by 1748. The Mexican folk Baroque interior contrasts with the simple, elegant exterior. Every nook and cranny inside is covered with murals and intricate designs. Take your time to visually explore this rich tapestry of images. These frescoes, executed over a period of 30 years, are primarily the work of Miguel Antonio Martinez de Pocasangre, a Mexican painter with no formal training. The complex is popularly known as the "Sistine Chapel of Mexico" for the exceptionally fine mural work. The shrine houses the largest spiritual retreat center in the world and receives thousands of pilgrims from all parts of Mexico each year. Along with San Miguel de Allende, the shrine of Jesús Nazareno de Atotonilco was designated a UNESCO World Heritage Site in 2008.

Atotonilco

Población: 597; viviendas: 95; elevación: 1,910 metros.

En nahuatl, Atotonilco significa "lugar de agua caliente" y haciendo honor al nombre hay varios manantiales de agua termal en las cercanías. El padre Luis Felipe Neri de Alfaro fundó el Santuario de Jesús Nazareno en 1740 aunque su construcción se terminó hasta 1748. El estilo barroco popular mexicano interior contrasta con la simpleza y elegancia del exterior. Cada rincón y cada grieta en el interior de la iglesia están cubiertos con murales de intrincados diseños. Hay que darse el tiempo para explorar este rico tapiz de imágenes. Estos frescos se realizaron durante un periodo de 30 años y son obra de Miguel Antonio Martínez de Pocasangre, pintor mexicano sin escuela formal. El complejo es popularmente conocido como la "Capilla Sixtina de México", debido el excepcional trabajo mural. El santuario aloja el centro de retiro espiritual más grande del mundo y recibe cada año a miles de peregrinos de todas partes de México. Junto con San Miguel de Allende, el Santuario de Jesús Nazareno en Atotonilco fue designado Patrimonio Cultural de la UNESCO en 2008.

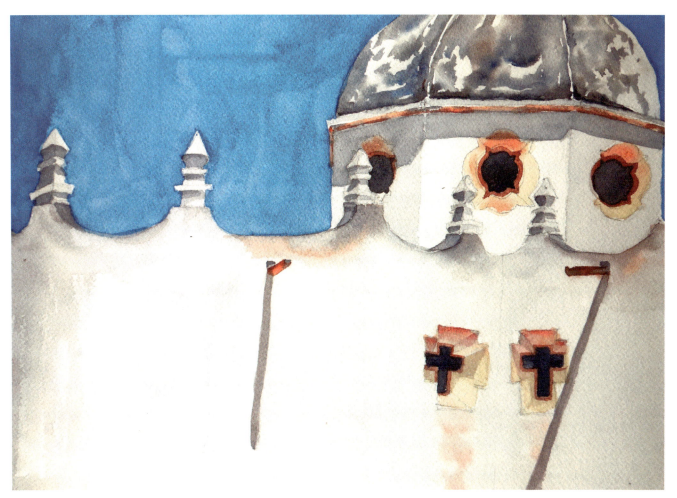

Atotonilco   L. Topinka

San Miguelito Dos

Population: 211; dwellings: 32; elevation: 6,102 feet (1,860 meters).

We painted twice in San Miguelto Dos, as there are two handsome capillas right next to each other. The first day we spent time driving around looking for the mayordomo to open the compound and were told to come back the next day when it would be open. Rather than waste a day, we found a shady spot across the road which had a good view of the smaller capilla, **San Miguelito II**.

San Miguelito I is used regularly by the community, whereas **San Miguelito II** seems to be primarily used for storage. The mayordomo confirmed what we had read: that one or both of the capillas were built before Atotonilco, i.e., before 1740. There are dedications on the interior walls of San Miguelito I which show that two interior reconstructions took place the 1900s. So, as is true of most of the capillas currently in use, the interior is not original.

San Miguelito Dos

Población: 211; viviendas: 32; elevación 1,860 metros.

Pintamos dos veces en San Miguelito Dos, puesto que hay dos capillas justo una junto a la otra. La primera vez invertimos algo de tiempo en buscar al mayordomo para que nos abriera el conjunto pero nos dijeron que volviéramos al día siguiente cuando estaría abierta. En vez de desperdiciar un día completo, nos acomodamos en una sombra al otro lado del camino, con una buena vista de la pequeña capilla de **San Miguelito II**.

San Miguelito I es utilizada regularmente por la comunidad, mientras que **San Miguelito II** parece usarse principalmente como bodega. El mayordomo confirmó lo que ya habíamos leído, que una o ambas capillas fueron construidas antes que Atotonilco, o sea, antes de 1740. Hay inscripciones en las paredes interiores de San Miguelito I que muestran que durante el siglo XX se llevaron a cabo dos reconstrucciones interiores, por lo que de ser verdad, en la mayor parte de las capillas actualmente en uso, los interiores no serían originales.

San Miguelito II   *L. Whynman*

The next day, the gate was indeed open for a community celebration of a 50th wedding anniversary. We watched the preparations as we painted **San Miguelito I** and were treated to the arrival of a group of nuns in white habits, all of whom were carrying musical instruments—a scene right out of "The Sound of Music."

In front of the capilla was a remarkable example of a *xúchile*, a traditional religious structure found in some local communities that originated with flower-covered mats used to carry Chichimeca warriors who died in combat during the Conquest wars of the 16th century. Xúchiles are made from the Cucharilla, or *Dasylirion acrotriche*, a regional wild plant. At the end of the long, narrow leaf is an enlarged spoon-shaped base that looks as if it has been varnished. The leaves are woven into intricate patterns, with the shiny spoon-shaped base of the leaves exposed. If you are in San Miguel for the Festival of San Miguel Arcangel in late September, you can see many examples of xúchiles in front of the Parroquia.

L. Whynman

Efectivamente, al día siguiente la reja estaba abierta para una fiesta de la comunidad de un aniversario de 50 años de bodas. Contemplamos las preparaciones mientras pintábamos **San Miguelito I**, rematando con la llegada de un grupo de monjas vestidas con hábito blanco, todas con un instrumento musical – como en una escena sacada de La novicia rebelde.

Frente a la capilla había un buen ejemplo de un xúchil, tradicional estructura utilizada como ofrenda religiosa en algunas comunidades, cubierta con esteras de flores, que se utilizaban para llevar a los guerreros chichimecas que morían en combate durante las guerras de conquista del siglo XVI. Los xúchiles están hechos de una cactácea silvestre, nativa de la localidad, conocida como cucharilla (Dasylirion acrotriche), cuya larga y angosta hoja remata en una base en forma de cuchara que parece como si hubiera sido barnizada. Las hojas se entretejen en intrincados patrones, con las bases de las hojas en forma de cuchara expuestas. Durante las fiestas de septiembre de San Miguel Arcángel en San Miguel, se pueden ver muchos ejemplos de xúchiles.

San Miguelito I   L. Topinka

Trip 2: San Miguel Viejo
Population: 336; dwellings: 62; elevation: 6,085 feet (1,855 meters).

A short drive from San Miguel, by taxi or car, is the appealing and richly decorated **Capilla de Casqueros**. If you have trouble finding it, just ask anyone along the road.

The first settlement of San Miguel, founded by Fray Juan de San Miguel in 1542, lay near this site. Because of persistent raids by the Chichimecas and a lack of reliable fresh water, the early settlement was abandoned. The present capilla is estimated to have been built between 1720 and 1730. The painted facade has delightful examples of Mexican folk stone carving, including relief designs of peyote (which the indigenous people of North America have used for centuries for medicinal and ceremonial purposes). We were intrigued by the capilla and by the view from inside the walled courtyard of the arched gateway and calvario, and we painted both twice. It was a peaceful and bucolic spot to while away the afternoon.

Calvario de la Capilla de Casqueros   L. Topinka

Viaje 2: San Miguel Viejo
Población: 336; viviendas: 62; elevación: 1,855 metros.

Para llegar a la encantadora y ricamente decorada **Capilla de Casqueros** es suficiente con un corto viaje en coche o en taxi. Para encontrarla sólo hay que preguntar a cualquier persona que esté en el camino.

El primer asentamiento de San Miguel fue fundado por Fray Juan de San Miguel en 1542 y se encuentra muy cerca de este sitio. Debido a las constantes incursiones de chichimecas y a la falta de agua, el primer asentamiento fue abandonado. Se piensa que la capilla actual se construyó entre 1720 y 1730. La fachada pintada contiene deliciosos ejemplos del tallado en piedra tradicional mexicano, incluyendo relieves de peyote (el cual los indígenas del norte de América han usado por siglos como medicina y para propósitos ceremoniales). Estábamos intrigadas con la capilla, con la vista en el interior del patio cercado por la reja arqueada y con el calvario, por lo que la pintamos dos veces. Fue un tranquilo y bucólico lugar para pasar la tarde.

Capilla de Casqueros   L. Whynman

Trip 3: Ciénega de Juana Ruíz
Population: 429; dwellings: 83; elevation: 6,102 feet (1,860 meters).

Having spent four days here, we can recommend a visit to this small community, which includes five capillas, a calvario, and a modest bullring. Only one of the capillas is still in use. The abandoned capillas, such as **Capilla de los González** (see page 46), are named for the current owners. The original names have been lost. We couldn't find anyone to let us in the gate to **Capilla de San Cristóbal**, so we painted it from across the road. While painting, we were visited by a gaggle of schoolgirls from the nearby school, as well as a somewhat scary pack of dogs and then a large flock of sheep and goats. The dogs pretty much ignored us. Occasionally dogs bark at us, but they haven't proceeded to menace us. Brandishing a rock—or even the act of bending over to pick one up—seems to send most Mexican dogs running.

Viaje 3: Ciénega de Juana Ruíz
Población: 429; viviendas: 83; elevación: 1,860 metros.

Después de pasar cuatro días aquí, podemos recomendar visitar esta pequeña comunidad, la cual incluye cinco capillas, un calvario y un modesto ruedo. Sólo una de las capillas continúa en uso. Las capillas abandonadas como la **Capilla de los González**, (pagina 46) son nombradas como sus dueños actuales. Los nombres originales se han olvidado. No pudimos en contrar a nadie que nos abriera la **Capilla de San Cristóbal,** por lo que la pintamos del otro lado del camino. Mientras la pintábamos, recibimos la visita de un grupo de niñas de una escuela cercana, así como de una terrible jauría de perros y de un rebaño de ovejas y cabras. Los perros prácticamente nos ignoraron y aunque algunos nos ladraron, no procedieron a amenazarnos. El hecho de simular arrojarles una piedra pareció espantarlos.

Capilla de San Cristóbal   L. Whynman

While painting this charming, abandoned capilla, **Capilla de Los Soria**, with horses tethered nearby, we were passed by people riding in burro-drawn carts, and by sheep and goats clustered in small groups. Looking down the road, we saw some teenagers hitting golf balls. The scene had a certain incongruity to it. A woman who briefly stopped to visit with us told us, if we correctly understood her Spanish, that there was a hive of African bees in the belfry of the capilla and that they had attacked her horse. When we looked closely, we could see them swarming.

Mientras pintábamos esta encantadora capilla abandonada, **Capilla de Los Soria**, con algunos caballos atados en las cercanías, pasaron algunas personas en carretas tiradas por burros y grupos de borregos y chivos amontonados. Hacía abajo del camino, se veían unos jóvenes golpeando pelotas de golf. La escena tenía cierta incongruencia. Una mujer que se detuvo brevemente con nosotras, nos dijo, si es que entendimos bien su español, que había un panal de abejas africanas en el campanario de la capilla, las cuales habían atacado a su caballo. Nos acercamos para mirar y pudimos distinguir el enjambre.

Capilla de Los Soria L. Topinka

On our third visit to Ciénega de Juana Ruíz, we found yet another abandoned capilla, **Capilla de los González**, where, as we painted, small flocks of goats kept passing by. All the capillas in these rural communities were built by unknown Mexican workers. Most cannot be dated with any accuracy. Sometimes the facades display a curious mixture of Baroque and pre-Christian elements. During our search for capillas in this community, we also came across a tiny chapel or, more correctly a calvario, with intricately carved stonework.

See pages 74-76 for information on the fourth and fifth capillas in Ciénega de Juana Ruíz.

En nuestra tercera visita a Ciénega de Juana Ruíz, encontramos otra capilla abandonada, **Capilla de los González**. Mientras la pintábamos, pasaron pequeños rebaños de chivos. Todas las capillas de estas comunidades rurales fueron construidas por trabajadores mexicanos desconocidos. Algunas no pueden fecharse con exactitud. Algunas fachadas despliegan una curiosa mezcla de elementos barrocos y prehispánicos. Durante nuestra búsqueda de capillas en esta comunidad, nos topamos con una pequeña capilla, mejor dicho un calvario, con un intrincado labrado en piedra.

Ver páginas 74-76 para mayor información de la cuarta y quinta capillas en Ciénega de Juana Ruíz.

Capilla de los González   L. Topinka

Chapter Three / Capítulo Tres

Hidden Capillas
Capillas escondidas

As we painted our way through the countryside and, of course, talked about the project, we discovered friends (or friends of friends) who offered us the opportunity to paint capillas on their private property. While most capillas are, in the strictest sense, on private or communally owned property, all of those featured in this book, with the four exceptions described in this chapter, are adjacent to roads and can be easily viewed.

The following capillas cannot be seen from the road. Thus we cannot provide a map. But for those intrepid and curious souls, ask around, and generous friends of friends might show you their hidden capillas. (Note that these capillas are guarded by dogs that need to be corralled for your safety!)

In Robert de Gast's book, we found a picture taken in the 1990s or so of the capilla called **Montecillo de Nieto III**, before its roof collapsed. Compare it with Linda's painting done in 2014 on page 53.

Conforme trazábamos nuestro camino por el campo y, desde luego, hablábamos del proyecto, descubrimos amigos (o amigos de amigos) que nos ofrecían la oportunidad de pintar sus capillas en sus propiedades particulares. Mientras que la mayoría de las capillas están literalmente en propiedades privadas o comunales, todas las que aparecen en este libro, con la excepción de las cuatro descritas en este capítulo, se ubican en la orilla de los caminos y pueden verse fácilmente.

La siguientes capillas no pueden ser vistas desde el camino, por lo que no podemos proporcionar un mapa. Pero aquellos de almas intrépidas y curiosas sólo necesitan preguntar y los generosos amigos de los amigos les enseñaran sus capillas ocultas (es importante mencionar que estas capillas están resguardadas por perros que deben ser encerrados para la seguridad del visitante).

En el libro de Robert de Gast encontramos una fotografía tomada en los 90 de una capilla llamada **Montecillo de Nieto III**, antes de que su techo se colapsara. Hay que compararla con la pintura de Linda realizada en 2014 pagina 53.

Monticello de Nieto III *Robert de Gast*
Photo from Robert de Gast, *The Churches and Chapels of San Miguel de Allende*, 1997, p. 60. Used with permission.

Monticello de Nieto III   2014   L. Whynman

El Cortijo is an utterly charming capilla that the owners are working on restoring.

Many of these old capillas have a front or facade which has been finished with a mixture of lime and sand and then painted. The side and back walls are often left the original stone. The materials utilized in construction of historic capillas are stone, adobe, cantera, limestone and sand.

El Cortijo es una capilla absolutamente encantadora, la cual está siendo restaurada por los propietarios.

Muchas de estas antiguas capillas tienen un frente o fachada que fue terminada con una mezcla de cal y arena y luego pintada. Las paredes laterales y de fondo conservan a menudo la piedra original. Los materiales utilizados en la construcción de capillas históricas son piedra, adobe, cantera, piedra caliza y arena.

Capilla de El Cortijo   L. Whynman

Capilla de Guadianilla   L. Whynman

Often, both of us paint from roughly the same perspective, but here we captured two different views of **Capilla de Guadianilla,** with Guadianilla being the name of the rancho. (The original name of the capilla has been lost in the sweep of time.) The scent of orange blossoms from the small orange orchard was intoxicating. Sometimes we spend an entire day painting, but here we took time to photograph the stone details expertly carved by indigenous laborers. A camera with a telephoto lens is your friend. Once again we were painting on Good Friday and were treated to a community parade.

Con frecuencia ambas pintábamos aproximadamente desde el mismo ángulo, pero en la **Capilla Guadianilla** – con el mismo nombre del rancho – capturamos cada una un ángulo distinto. El nombre original de la capilla se perdió con el paso del tiempo. El aroma de las flores de los naranjos del pequeño huerto era intoxicante. A veces pasábamos todo el día pintando, pero aquí invertimos un poco de tiempo en fotografiar los detalles expertamente tallados en piedra por trabajadores indígenas. Una cámara con telefoto puede ser una útil amiga en este sitio. Una vez más pintamos en Viernes Santo y fuimos invitadas a presenciar una procesión comunitaria.

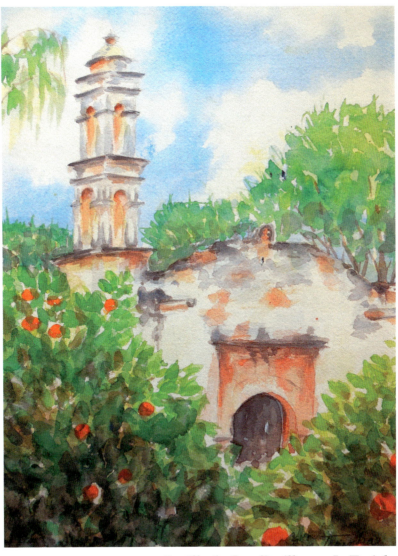

Capilla de Guadianilla   L. Topinka

And, finally, there are gorgeous adjoining properties near Ciéneguita, owned by two sisters, each property featuring its own capilla.

Historic capillas near San Miguel, commonly, have the following architectural elements: Nave, presbytery, façade, bell tower, atrium, atrium wall, patio, calvary and altar. Many, no longer in use for religious purposes, do not have an atrium, atrium wall or calvary; however, this one is unusual in that it does not have a bell tower. Most historic capillas that we have seen do have a bell tower.

Y finalmente, hay unas maravillosas propiedades adjuntas a La Ciéneguita, que perterecen a dos hermanas. Cada propiedad tiene su propia capilla.

Las capillas históricas cerca de San Miguel tienen comúnmente los siguientes elementos arquitectónicos: nave, presbiterio, fachada, campanario, atrio, pared del atrio, patio, calvario y altar. Muchos de ellos que ya no se utilizan con fines religiosos, no tienen atrio, pared de atrio o calvario. Sin embargo, ésta es inusual pues no tiene campanario. La mayoría de las capillas históricas que hemos visto tienen campanario.

Ciéneguita II   L. Whynman

Chapter Four / Capítulo Cuatro

Haciendas and Ejidos
> A Scrambled History of Rural Mexico

Haciendas y Ejidos
> Una mezcla de historia del México rural

What started out for us as an artists' "steeplechase" of capillas dotted over the countryside has morphed into a desire to understand this rural landscape, with its scramble of hacienda ruins, ejidos, ranchos, and capillas quite literally everywhere.

This chapter concentrates on a route that, while still focusing on capillas we discovered, visits five of the ranchos that—once part of the same hacienda—became ejidos in 1972. The history of ranchos and capillas is vague at best and can only be understood in the context of the long history of the haciendas and, more recently, the ejidos. Refer to page xviii for more information on ejidos.

Lo que inició para nosotras como una "carrera de obstáculos" de capillas diseminadas por todo el campo, se convirtió en un deseo obsesivo de entender este paisaje rural, con su mezcla de haciendas en ruinas, ejidos, ranchos y capillas, literalmente desperdigadas por todos lados.

Este capítulo se concentra en una ruta que, aunque se sigue enfocando en las capillas que descubríamos, nos llevó a visitar cinco ranchos que alguna vez fueron parte de una hacienda y que se convirtieron en ejidos en 1972. La historia de los ranchos y capillas es muy vaga y sólo puede entenderse en el contexto de la larga historia de las haciendas y más recientemente de los ejidos. Ver la página xix para mayor información sobre los ejidos.

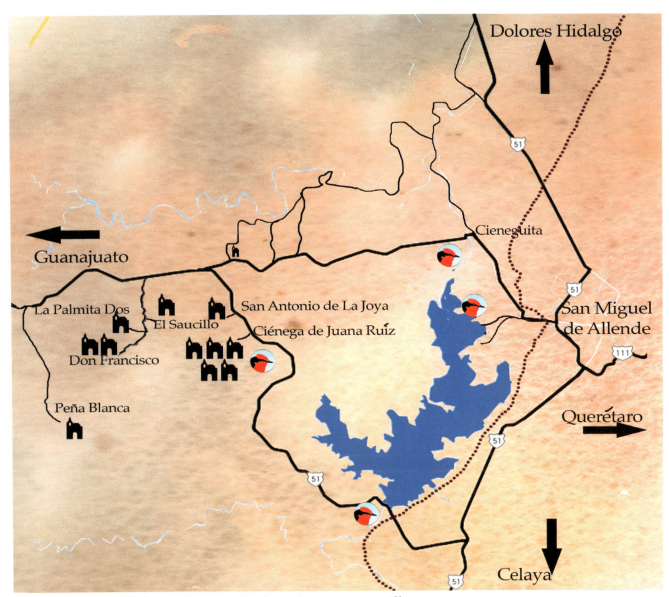

Maps and more information can be found at www.capillasma.org
Mapas y informacion más puede dercargarse de www.capillasma.org

Hacienda is a Spanish word for an estate. The term is imprecise but has historically referred to a landed estate of significant size that produced agricultural products and livestock; additionally, in the silver mining areas in the colonial era, there were haciendas that processed silver and were known as *haciendas de beneficios*. The Catholic Church, especially the Jesuits, acquired vast hacienda holdings and also loaned money to the *hacendados*, owners of haciendas. Hacienda lands were purchased from indigenous people who didn't fully understand the concept of ownership, or they were vacant lands for sale by the Crown or were acquired by outright usurpation. Smaller land holdings were called *ranchos*—a confusing term, as it is commonly used today to denote small communities in the countryside which usually produce crops or breed livestock.

Hacienda remains, San Antonio de la Joya
Los restos de la hacienda en San Antonio de la Joya
L. Topinka

The labor force on haciendas and ranchos was usually indigenous people who were theoretically wageworkers. However, in practice, the owners were able to bind them to the land by keeping them in debt. In fact, by the 19th century, up to half of the rural population of Mexico was entangled in this peonage or hacienda system.

The countryside is a bucolic scene whose passing herds of sheep and goats and occasional cantering horses provide the only action on hot afternoons. But there are stories to be told with drama worthy of a novel. We were fortunate to acquire just such a story from Mary Jane Miller in her account of the life of her father-in-law, Ángel Gómez, who was born on a hacienda near San Miguel de Allende.

This story starts with the arrival in 1910 of Antonio Vivero, a Spaniard, who had been given 11,007 acres (4,454 hectares), and oversight over all its inhabitants, by then–President of Mexico Porfirio Díaz. The expansion of the hacienda system under President Porfirio Díaz, and the increasing landlessness and poverty of the Mexican peasants, were core problems that contributed to the Mexican Revolution. Land redistribution after the revolution was a slow process, with the hacienda owners and the people who worked the land at odds for decades.

El término "hacienda" se refiere a una propiedad territorial de tamaño significativo, dedicada a la agricultura y a la ganadería. Adicionalmente, en las zonas mineras de la época colonial, había haciendas que extraían plata y que eran conocidas como "haciendas de beneficios". La Iglesia Católica, específicamente los jesuitas, adquirió vastas haciendas. Las tierras de las haciendas fueron obtenidas de indígenas que no comprendían completamente el concepto de propiedad, o bien eran tierras vacías puestas en venta por la Corona, o adquiridas a través de la usurpación.

Las propiedades más pequeñas eran llamadas "ranchos", un término confuso puesto que actualmente se utiliza para denotar pequeñas comunidades rurales, al igual que propiedades agrícolas o ganaderas particulares. La fuerza laboral de las haciendas y ranchos eran generalmente indígenas teóricamente asalariados. Sin embargo, los propietarios podían atarlos a la hacienda haciendo que se endeudaran. De hecho, hacia el siglo XIX, mas de la mitad de la población rural de México estaba atada al sistema hacendario.

El campo mexicano es una escena bucólica cuyos rebaños de ovejas y cabras pastando y uno que otro caballo al galope, proporcionan la única actividad en las tardes calurosas. Pero hay historias que contar con dramas dignos de una novela. Fuimos afortunadas al poder conocer el relato de Mary Jane Miller sobre la vida de su suegro, Ángel Gómez, nacido en una hacienda cerca de San Miguel de Allende.

La historia comienza con la llegada en 1910 de Antonio Vivero, un español a quien le habían sido otorgadas 4,454 hectáreas y el control de todos los habitantes del lugar, por el entonces presidente Porfirio Díaz. La expansión del sistema hacendario bajo el presidente Díaz y la creciente pobreza y carencia de tierras de os campesinos fueron problemas esenciales que condujeron a la Revolución Mexicana. La redistribución de la tierra después de la revolución fue un proceso lento, con grandes desventajas entre los hacendados y la gente que trabajaba las tierras.

Hacienda remains, San Antonio de la Joya   L. Topinka
Los restos de la hacienda en San Antonio de la Joya

This large hacienda had many owners from 1910 until most of the 11,000 plus acres became ejido lands in 1972. The hacienda now includes the current ranchos of Peña Blanca, Don Francisco, La Ciénega de Juana Ruíz, La Palmita Dos, El Saucillo, and San Antonio de la Joya, but that is fast-forwarding through a fascinating story detailing the struggles and accomplishments of Ángel Gómez during this period of national land redistribution.

Born in 1911, Gómez grew up under the hacienda system and witnessed the brutality of various owners and the violence that was part of the early land reform movement. He recalled standing with his father over the dead bodies of men punished for poor crops, sick animals, or lost equipment and, later, seeing the dead body of a land reform activist. These men were buried without any investigation. The injustices he witnessed fueled a passion for land reform that was to consume his life.

Not all the hacienda owners were brutal and violent. A respite came in the 1950s, when new owners revealed an enjoyment of music and parties. With a bass, banjo, and violin, Gómez and two of his sons formed the Gómez Trio and played frequently at various ranchos.

Gómez was never distracted from his passion, and, beginning in 1942, he spent decades of his life traveling to government offices across Mexico to plead the case for giving ownership of the land to those whose families had worked the land for generations. Gómez and the last owner of the hacienda, Lorenzo Lapuente Zorrilla (owner from 1959 to 1968), were adversaries over the issue of land reform for a decade. In 1965, Gómez and four other men involved in land reform were arrested. The other men were released after a few months, but Gómez spent five years in jail in San Miguel de Allende. He was never officially charged or brought to trial. The hacienda owner and his friends frequently met with Gómez to try to convince him, often with threats, to sign papers promising that he would cease to pursue land reform. Gómez never gave in. During his long years in jail, he wove blankets with the wool from his sheep for each of his 14 children.

Ejido el Saucillo   L. Topinka

Esta gran hacienda tuvo muchos propietarios desde 1910 hasta que la mayoría de las 4,454 hectáreas se conviertieron en ejidos en 1972. La hacienda actualmente incluye los ranchos de Peña Blanca, Don Francisco, La Ciénega de Juana Ruíz, La Palmita Dos, El Saucillo y San Antonio de la Joya. Pero este es una rápida vista a una historia fascinante que detalla la lucha y logros de Ángel Gómez durante el periodo de la redistribución nacional de la tierra.

Nacido en 1911, Gómez creció bajo el sistema de haciendas y fue testigo de la brutalidad de varios hacendados y de la violencia de las primeras reformas para la tenencia de la tierra. Recordaba haber estado con su padre, parado sobre los cadáveres de hombres que habían sido castigados por obtener pobres cosechas, por tener animales enfermos o por haber perdido equipo, y más tarde sobre el cadáver de un activista de la reforma. Estos hombres fueron sepultados sin ninguna investigación. Las injusticias que presenció encendieron una pasión por la reforma agraria que consumiría su vida.

No todos los hacendados eran brutales y violentos. Llegó un respiro en la década de los 50, cuando nuevos propietarios desarrollaron un gusto por la música y las fiestas. Con un bajo, un banjo y un violín, Ángel y sus dos hijos formaron el Trío Gómez y tocaban frecuentemente en varios ranchos. Gómez nunca se olvidó de su pasión y a partir de 1942 pasó años de su vida viajando a las oficinas de gobierno de todo México, argumentando a favor de conceder la propiedad de la tierra a aquellos que la habían trabajado por generaciones. Gómez y el último dueño de la hacienda, Lorenzo Lapuente Zorrilla (propietario de 1959 a 1968) fueron adversarios en el asunto de la propiedad de la tierra durante una década.

En 1965, Gómez y otros cuatro hombres involucrados en la reforma agraria fueron arrestados. Los otros fueron liberados unos meses después, pero Ángel pasó cinco años en la cárcel de San Miguel de Allende. Nunca fue oficialmente acusado para ser llevado a juicio. El hacendado y sus cómplices lo visitaban frecuentemente para tratar de convencerlo, muchas veces con amenazas, de firmar unos documentos en los que se comprometía a dejar de insistir en el asunto de la reforma agraria. Ángel nunca se rindió. Durante sus largos años en prisión, tejió cobijas con la lana de sus borregos para cada uno de sus catorce hijos.

Ciénega de Juana Ruíz *L. Topinka*

Perhaps Lapuente Zorrilla, the hacienda owner, knew that time was running out for him to keep the hacienda. At any rate, in 1968, he shot himself in the head. Gómez was released from jail in 1969 and, finally, in 1972, several of the ranchos on this hacienda were granted ejido status. This was Gómez's lifework and, in addition to his 14 children, his proudest accomplishment.

In 1992, after a constitutional amendment, private ownership of ejido land became possible; however, more than 20 years later—and at a cost of $100,000 pesos in legal fees—the Gómez family has only received the rights and title to the house built by Ángel himself. Even when the titles are finally transferred, the lawyer fees required to turn the titles into legal deeds that make the land ready for resale can cost more than the value of the land itself.

Two of the ranchos, San Antonio de la Joya and Ciénega de Juana Ruíz, are easily accessible from the highway, but the others present more of a challenge, as the roads are steep and rocky in places. This is the part of the adventure where you should check your tires and be sure the spare is inflated and jack handy.

Ejido land, Ciénega de Juana Ruíz
Ejido cerca de Ciénega de Juana Ruíz

L. Topinka

Quizás Lapuente Zorrilla sabía que su tiempo como propietario de la hacienda se acababa. En algún momento de 1968, se dio un tiro en la cabeza. Gómez fue liberado de la cárcel en 1969 y finalmente, en 1972, muchas de las tierras dentro de la hacienda se convirtieron en ejidos. Esto fue la obra de la vida de Ángel Gómez, y además de sus catorce hijos, su orgullo más grande.

En 1992, después de la reforma constitucional, la propiedad privada del ejido se hizo posible. Sin embargo, más de 20 años después, a un costo de 100,000 pesos de pagos legales, la familia Gómez sólo ha recibido los derechos y título de propiedad de la casa construida por el propio Ángel. Aún y cuando los títulos han sido finalmente transferidos, los honorarios de los abogados por convertir dichos títulos en documentos legales que habiliten la tierra para su venta, podrían costar más que el propio valor del terreno.

Dos de los ranchos, San Antonio de la Joya y Ciénega de Juana Ruíz, son de fácil acceso desde la carretera. Sin embargo los otros representan más que un reto, puesto que los caminos son empinados y pedregosos. Es en esta parte de la aventura cuando hay que checar las llantas del coche y asegurarse de que a la refacción no le falte aire y tener el gato a la mano.

Hacienda remains at Ciénega de Juana Ruíz
Restos de hacienda en Ciénega de Juana Ruíz
                                        L. Topinka

San Antonio de la Joya
Population: 249; dwellings: 60; elevation: 6,201 feet (1,890 meters).

A jewel of a valley viewed from distant hilltops, this is where Ángel Gómez raised 14 children. Currently only one son lives here; the others have scattered. Scarcity of water and decades of turmoil have taken a toll on this community where 60 families once lived. When this rancho became ejido land in 1972, 39 family heads were given 1,236 acres (500 hectares) to share plus extra land for community grazing.

We arrived to paint and were surprised to see a community meeting in progress in the shade of the capilla. The secretary of the ejido and the mayordomo came out to greet us, and we learned that the community was discussing the purchase of water.

Capilla de San Antonio is a faithfully maintained capilla and has an added bell tower and two dated and named bells: "Lupe" and "Carmen," with dates of 1894 and 1901. The setting is extraordinary: bullring, magnificent ruins from a long-ago hacienda, and remains of four large trojes. These trojes were grain storage buildings, each 80 feet long with vaulted cannon-style ceilings. One troje has been renovated and is used for outpatient medical care.

Capilla de San Antonio   L. Whynman

San Antonio de la Joya
Población: 249; viviendas: 60; elevación: 1,890 metros.

Una joya del valle divisada desde los cerros distantes, San Antonio de la Joya es donde Ángel Gómez crió a sus catorce hijos. Actualmente sólo uno de ellos vive aquí. Los demás se han dispersado. La escasez de agua y décadas de conflictos han cobrado su cuota a la comunidad en donde vivieron alguna vez 60 familias. Cuando este rancho se convirtió en ejido en 1972, se repartieron 500 hectáreas entre 39 cabezas de familia, además de algo de tierra adicional como pastizal comunitario.

Cuando llegamos a pintar nos sorprendió encontrarnos con una junta comunitaria que se llevaba a cabo a la sombra de la capilla. El comisariado ejidal y el mayordomo llegaron a saludarnos y nos explicaron que la comunidad discutía sobre la compra de agua.

Capilla de San Antonio, cuidadosamente mantenida, está dedicada a San Antonio y tiene un campanario adicionado a su fachada, que alberga dos campanas con fecha y nombre: "Lupe" y "Carmen", que datan de 1894 y 1901 respectivamente. El asentamiento es extraordinario: un ruedo, unas magníficas ruinas de la antigua hacienda y los restos de cuatro grandes trojes, recintos en donde se almacenaba grano, cada uno de poco más de 24 metros de largo, con techos abovedados. Una de las trojes fue renovada y se utiliza como centro de salud.

Lupe y Carmen, Capilla de San Antonio   *L. Topinka*

Ciénega de Juana Ruíz

Population: 466; dwellings: 113; elevation: 6,102 feet (1,860 meters).

See pages 42-46 for paintings and information about three capillas in Ciénega de Juana Ruíz. These three can easily be viewed from a road, whereas the other two and the calvario are on fenced private property and are not easily accessed without assistance from the owners. *Ciénega* is Spanish for a spring in a marsh or swamp.

Early in the 20th century, the five or so hacienda owners always lived on the small hill as you enter Ciénega de Juana Ruíz. Each of the owners had a capilla built. Thus the question of why so many capillas were built so close together, at least in the case of this community, can be answered. These capillas were most likely built in the first half of the 20th century.

During the land reform struggles, if all or most of a hacienda became ejido land and the owner abandoned everything, the hacienda and outbuildings were stripped of valuables and sometimes destroyed or occupied by many families. Nothing remains of this hacienda except some stone walls.
(See page 69.)

In 1972, 40 heads of households in Ciénega de Juana Ruíz were given 1,236 acres (500 hectares) to share plus extra land for community grazing. All of the capillas became part of the ejido. Unlike the hacienda, they were not destroyed, and one has been used regularly by the community for religious services. Four of the capillas were at some point abandoned, neglected, and used for animals or incorporated into dwellings. Still standing, they remain a legacy of faith from the past.

On our many trips to Ciénega de Juana Ruíz, we had seen a bell tower hidden away among the houses and outbuildings, and, on our fourth trip, with some help, we found our way to an abandoned but intact **Capilla de los Ramirez** with a distinctive and complex interior. The walls are covered with stencil patterns, and the ceiling is hand-painted with a scrollwork design. It appears to be the original interior.

We were having a hard time locating the fifth and last **Capilla de los Rodriguez**, probably because the search image in our minds was the distinctive bell tower. Therefore, we almost missed a bell-tower–less capilla squeezed between buildings and trees. Although we didn't have time to paint this capilla, we did have a chat with the owner, who told us that the well for the hacienda was in front of this capilla and that the barely visible number painted next to the door is the capilla's registration number with the National Institute of Anthropology and History. This institute is a Mexican federal government bureau established in 1939 to guarantee the research, preservation, protection, and promotion of the prehistoric, archaeological, anthropological, historical, and paleontological heritage of Mexico.

Capilla de los Ramirez   L. Topinka

Ciénega de Juana Ruíz
Población: 466; viviendas: 113; elevación: 1,860 metros.

Ver las páginas 42-46 para información y pinturas de las tres capillas de Ciénega de Juana Ruíz: Estas tres capillas pueden ser vistas fácilmente desde el camino, mientras que las otras dos y el calvario están en una propiedad privada cercada y no son de fácil acceso sin el permiso de los propietarios.
A principios del siglo 20, alrededor de cinco hacendados vivían en el pequeño montículo a la entrada de Ciénega de Juana Ruíz. Cada uno de ellos construyó una capilla, por lo que la pregunta de por qué se hicieron tantas capillas juntas en esta comunidad, puede ser fácilmente respondida. Probablemente estas capillas se construyeron en la primera mitad del siglo XX.

Durante la lucha por la reforma agraria, después de que todas o la mayoría de las haciendas se convirtieron en ejidos y los hacendados abandonaron todo, la hacienda y sus dependencias fueron despojadas de sus valores y muchas veces destruidas u ocupadas por varias familias de campesinos. Nada queda de esta hacienda con excepción de sus paredes de piedra. (Ver la página 69.)

En 1972, también las 40 cabezas de familia de Ciénega de Juana Ruíz recibieron 500 hectáreas de tierra para repartirse, además del pastizal comunitario. Todas las capillas se convirtieron en parte del ejido. A diferencia de la hacienda, no fueron destruidas y una de ellas se sigue usando regularmente para los servicios religiosos de la comunidad. Las otras cuatro fueron abandonadas, descuidadas y usadas para albergar animales o incorporadas a las viviendas. Aún en pie, siguen siendo un legado de fe del pasado.

En nuestros muchos viajes a Ciénega de Juana Ruíz, habíamos visto un campanario escondido entre las casas y en nuestro cuarto viaje, con alguna ayuda, encontramos el camino hasta una abandonada pero intacta **Capilla de los Ramirez**, con un interior distintivo y complejo. Las paredes están cubiertas con patrones decorativos y el techo está pintado a mano con diseño de volutas. Al parecer es el interior original.

Nos costó trabajo localizar la quinta y última **Capilla de los Rodriguez** probablemente porque la imagen que teníamos en nuestras mentes era la del campanario escondido. Por esa razón casi omitimos la pequeña iglesia, sin campanario, apretujada entre árboles y viviendas. Aunque no tuvimos tiempo de pintar esta capilla, sí platicamos con el dueño, que nos contó que el pozo de la hacienda estaba frente a la capilla y que el número apenas visible, pintado junto a la puerta, es el registro del edificio ante el Instituto Nacional de Antropología e Historia, entidad gubernamental creada en 1939 para garantizar la investigación, preservación, protección y promoción del patrimonio prehistórico, arqueológico, antropológico, histórico y paleontológico de México.

Capilla de los Ramirez   L. Whynman

Peña Blanca
Population: 114 ; dwellings: 19; elevation: 6,365 feet (1,940 meters).

This rancho and its capilla can only be reached via a steep and rocky road. The photo of this capilla in Robert de Gast's book shows only the altar wall still standing. It has since been rebuilt. We found it but decided not to return to paint it.

Interior of Capilla de Peña Blanca   R. de Gast
Interior de la Capilla de Peña Blanca

Photo from Robert de Gast, *The Churches and Chapels of San Miguel de Allende*, 1997, p.69. Used with permission.

Peña Blanca
Población: 114 ; viviendas: 19; elevación: 1,940 metros.

La única manera de llegar hasta este rancho y a su capilla es a través de un empinado y pedregoso camino. La foto de esta capilla en el libro de Robert de Gast muestra que sólo la pared del altar quedaba en pie. Ahora ha sido restaurada. La encontramos pero decidimos no regresar a pintarla.

Peña Blanca restored
Capilla de Peña Blanca restaurada.

L.Topinka

Don Francisco

Population: 1,010; dwellings: 157; elevation: 6,266 feet (1,910 meters).

Capilla de San Juan

About three miles from the main road and nestled in a verdant valley is the humble **Capilla de San Juan.** But first you have to cross a river on foot and thread your way along narrow paths past dogs, goats, and other livestock. The reward is a picturesque setting and, while we were there, trumpet practice, followed by someone's enjoyable music collection via loudspeaker. Rural Mexico is full of surprises. The calvario in the enclosed atrium features many painted indigenous symbols, including an unusual two-headed bird.

Don Francisco

Población: 1,010; viviendas: 157; elevación: 1,910 metros.

Capilla de San Juan

A casi cinco kilómetros del camino principal, enclavado en un verde valle está la humilde **Capilla de San Juan**. Pero primero hay que cruzar un río a pie y aventurarse a través de angostas veredas, en medio de perros, chivos y demás ganado. La recompensa es un pintoresco escenario y mientras estuvimos ahí, oímos tocar una trompeta, seguida de una alegre música por medio de estruendosas bocinas. El México rural está lleno de sorpresas. El calvario en el atrio adjunto presenta muchos símbolos indígenas pintados, incluyendo una inusual ave bicéfala.

Capilla de San Juan   L. Topinka

Iglesia de San Nicolás

Our second visit to Don Francisco took place on October 9, the day after a community celebration honoring San Francisco. The entire courtyard was festooned with decorations. A xúchile had been specially constructed for the festival. It took some time to track down the mayordomo and the keys, but we were rewarded with dozens of stone carvings, figurines, and paintings. So many pleasing details and views that it took a while to find our painting focus. This community refers to its church as an *iglesia* instead of a *capilla*. There are many Spanish words for "church"; "iglesia" is one of the most common.

The same two-headed bird image that was painted in the calvario at the **Capilla de San Juan** is carved in the stone base of the font. (See page xxiii.) Research suggests this image is a two-headed eagle. There are many suppositions about the origin and meaning of indigenous symbols. No one in the local communities where we found this image knew what it was or what it means. The two-headed eagle, while not a common motif, can be found in textiles from many parts of Mexico and locally in Otomi embroidery. Its use by indigenous people in Mexico may have originated in colonial times from their familiarity with the Habsburg coat of arms.

Crowning the bell tower is a balding San Nicholas whose arms are wrapped tightly around the Gospels. At his feet are a slightly askew cross and three fruits. Details show up well in the photo from de Gast's book. A shy little girl drew with us while we painted.

Just as we were leaving, a Flecha Amarilla bus pulled up right in front of the iglesia, suggesting that it's possible to take a bus to Don Francisco and La Palmita Dos. The bus does not go to El Saucillo, however, and it is a bit of a walk to El Saucillo from the closest bus stop. This bus company leaves from the main bus station in San Miguel de Allende, but check the schedule, as there are no B&Bs in Don Francisco and it's a long walk uphill back to the main road.

Iglesia de San Nicolás   L. Topinka

Iglesia de San Nicolás

Nuestra segunda visita a Don Francisco tuvo lugar el 9 de octubre, al día siguiente de la celebración en honor a San Francisco. El patio entero estaba adornado. Un xuchil había sido construido especialmente para la festividad. Nos tomó algún tiempo hallar al mayordomo con las llaves, pero fuimos recompensadas con docenas de piedras labradas, figuras y pinturas. Había tantos detalles y vistas interesantes que nos tardamos un poco encontrar nuestro ángulo para pintar. Esta comunidad se refiere a su iglesia como "iglesia" y no como "capilla".

La misma ave bicéfala pintada en el calvario de la **Capilla de San Juan** está labrada en la base de piedra de la fuente.(Ver la página xxiii.) Las investigaciones sugieren que esta imagen es un águila de dos cabeza. Hay muchas suposiciones sobre el origen y significado de los símbolos indígenas. Nadie en las comunidades locales en donde encontramos esta imagen, sabía lo que esta imagen era o quería decir. El águila bicéfala, a pesar de no ser un motivo común, puede encontrarse en los textiles de muchas partes de México y localmente en los bordados otomís. Su uso indígena en México puede tener su origen en los tiempos de la colonia, por su familiaridad con el escudo de armas de los Habsburgo.

Coronando la torre del campanario hay una imagen de San Nicolás con una incipiente calvicie y abrazando fuertemente los Evangelios. Sus pies están en posición transversal, ligeramente torcidos. La foto en el libro de Robert de Gast muestra los detalles claramente. Una niñita tímida dibujó con nosotros mientras pintábamos.

Justo al momento de irnos, pasó un autobús Flecha Amarilla frente a la iglesia, sugiriendo que es posible tomar un autobús hasta Don Francisco y La Palmita Dos. El autobús no va a El Saucillo, sin embargo, hay que caminar un poco desde la parada más próxima hasta esta comunidad. Este autobús sale de la central de autobuses en San Miguel de Allende, pero hay que asegurarse de los horarios, ya que no hay hotel en Don Francisco y hay que recorrer un largo camino cuesta arriba hasta la carretera.

Iglesia de San Nicolás   L. Whynman

El Saucillo
Population: 178; dwellings: 32; elevation: 6,234 feet (1,900 meters).

Definitely off the beaten path but worth seeking out, **Capilla del Saucillo** is hidden against the hillside and surrounded by makeshift enclosures for all sorts of farm animals. We walked along a dry streambed and then followed a path through a field of squash to reach this capilla. Although this simple capilla, with its atrium and calvario, is visually attractive, it was the intermittent chorus from the farm animals and an appealing, shaggy burro that stuck in our minds. The burro wasn't the least disturbed by our presence and grazed contentedly for two hours not more than four or five feet away.

El Saucillo
Población: 178; viviendas: 32; elevación: 1,900 metros.

Definitivamente fuera de la ruta común, pero vale la pena buscarla, la **Capilla del Saucillo** está escondida a un lado del cerro, rodeado de recintos improvisados para cualquier tipo de animales domésticos. Caminamos a lo largo de un cauce seco y seguimos por una vereda a través de un campo de calabaza, hasta llegar a esta capilla. Aunque esta sencilla capilla, con atrio y calvario, es visualmente atractiva, es el intermitente coro de los animales y un hermoso burro lanudo lo que más recordamos. El burro permaneció absolutamente impávido ante nuestra presencia y pastó satisfecho durante las dos horas que permanecimos ahí, a poco más de un metro de distancia.

Capilla del Saucillo   L. Whynman

La Palmita Dos

Population: 157; dwellings: 23; elevation: 6,234 feet (1,900 meters).

A bout of ill health and vacations away from San Miguel forced us to paint the last capilla in this chapter, Capilla de la Santa Cruz, from photos. We found yet another two-headed eagle carved into the keystone of the arch over the gate to the atrium.

La Palmita Dos

Población: 157; viviendas: 23; elevación: 1,900 metros.

Una racha de mala salud y unas vacaciones fuera de San Miguel nos obligó a pintar la última capilla de esta capítulo, la **Capilla de la Santa Cruz**, solamente de fotos. Encontramos una águila bicéfala más labrada en la piedra clave del arco sobre la reja del atrio.

Capilla de Santa Cruz   L. Whynman

Thoughts We'd Like to Leave You With

Perhaps this book should be retitled "The Good Adventures of Linda and Lorie," as our weekly expeditions out in the campo have been adventures in painting and, we have happily discovered, in learning. Simple questions about each capilla—name? age? builder?—have, it turns out, not been simple to answer, and the addictive rabbit hole of research has led to encounters with all sorts of delightful and helpful people—Mexicans in the ranchos, and Mexicans and expats in San Miguel. Answers have often led to more questions, and thus this book has grown to include information that we hope provides helpful background as you travel out into the rural areas around San Miguel de Allende. Perhaps you will be inspired to begin your own adventure.

As many times as we have painted these simple capillas, we continue to be captivated by their humble beauty. Along with schools, clinics, and soccer fields, each functional capilla is central to the life of the ranchos. These active capillas—like the abandoned ones—are legacies of faith from the past.

In less than two years, we have painted more than 30 different capillas, some twice. There are, at least, ten times that number just in the municipality of San Miguel de Allende. Let's see . . . . At that rate, we will be painting capillas well into our dotage. If you see two ladies painting capillas out in the countryside, please stop and say hello..

Linda painting with an audience K. Anton

Pensamientos que nos gustaría dejarte

Quizás este libro debiera ser renombrado "Las maravillosas aventuras de Linda y Lorie," puesto que nuestras expediciones semanales en el campo fueron aventuras en el arte de pintar y hemos descubierto felizmente que también fueron una aventura de aprendizaje. Han surgido preguntas sobre cada capilla – el nombre, la edad, el constructor – no siempre fáciles de contestar y la adictiva actividad de investigar nos ha llevado a encontrarnos con todo tipo de gente deliciosa y esperanzada – tanto la gente de los ranchos como los mexicanos y extranjeros de San Miguel. Las respuestas nos condujeron frecuentemente a otras preguntas y así este libro fue creciendo hasta incluir la información que esperamos les proporcione los antecedentes necesarios para recorrer las comunidades rurales que rodean San Miguel de Allende. Quizás te inspires para iniciar tu propia aventura.

A pesar de haber pintado tantas veces estas sencillas capillas, nos siguen cautivando con su humilde belleza. Junto con escuelas, centros de salud y campos de futbol, cada capilla en funciones es el centro de la vida de los ranchos. Estas capillas activas – así como las abandonadas – son legados de fe del pasado.

En menos de dos años hemos pintado más de 30 diferentes capillas, algunas hasta dos veces. En todo el municipio hay por lo menos 10 veces esa cantidad. Veamos. . . . a ese ritmo seguiremos pintando capillas ya muy entrada nuestra ancianidad. Si llegas a ver a dos mujeres pintando capillas en el campo, por favor detente y diles "hola".

Lorie with a young friend *L. Whynman*

Annotated Bibliography/ Bibliografía Anotada

Print Resources / Fuentes Impresas

Note: As of September 2015, all but Rhoda and Burton, 2010, were out of print. But, with some sleuthing, all can be purchased on the Web.

de Gast, Robert, *The Churches and Chapels of San Miguel De Allende*, Birdsnest, Va.: E&R Publications, 1997.
This book has proven to be one of our most valuable resources as well as an inspiration. Recommended.

Edwards, Emily, and Manuel Álvarez Bravo, *Painted Walls of Mexico: From Prehistoric Times Until Today*, Austin, Texas: University of Texas, 1966.
For those interested in the interior images, a resource with mention of areas near San Miguel.

Rhoda, Richard, and Tony Burton, *Geo-Mexico: The Geography and Dynamics of Modern Mexico*, Ladysmith, B.C.: Sombrero, 2010.
A contemporary source for all kinds of information about Mexico, with weekly e-mail updates.

Spiegel, Mamie, *San Miguel and the War of Independence*, publisher unknown, 2005.
A resource about the history of colonial San Miguel in English.

Web Resources / Fuentes en Linea

Note: URLs were current as of November 2015.

San Miguel de Allende Gobierno Municipal 2012–2015 and Más Bonito que Nunca, "Programa De Gobierno Municipal San Miguel De Allende, Guanajuato: 2012–2015," undated. As of November 2015: http://www.sanmigueldeallende.gob.mx/transpa_prueba/docs/22/1392739493
Statistical resource for information (in Spanish) about the municipality of San Miguel. Recommended.

PortalSMA.mx, "Rutas De Las Capillas," web page. As of November 2015:
http://turismo.portalsma.mx/index.php?option=com_content&view=article&id=82&Itemid=93
The only resource with a useful map of locations of capillas as we began this project. We are indebted to this project for its visionary work in restoring many capillas in the municipality of San Miguel de Allende.

Studnicki-Gizbert, Daviken, and David Schecter, "The Environmental Dynamics of a Colonial Fuel-Rush: Silver Mining and Deforestation in New Spain, 1522 to 1810," January 2010. As of November 2015:
http://envhis.oxfordjournals.org/content/15/1/94.full
A fascinating paper on the environmental impacts of mining in this part of central Mexico.

Waldinger, Maria, Colonial Missionaries and Long Run Development in Mexico, London School of Economics, May 25, 2013. As of November 2015:
http://personal.lse.ac.uk/fleischh/missionaries_in_Mexico_version_3.pdf
Some concise information about mendicant orders in colonial Mexico.

Comisión Nacional para el Desarrollo de los Pueblos Indígenas, Delegación Querétaro-Guanajuato, "Cruz del Palmar, San Miguel de Allende," undated. As of November 2015:
http://indigenasgto.com/wp-content/uploads/monografias/San_Migue_de_Allende_La_Cruz_del_Palmar.pdf
A government document (in Spanish) specifically about Cruz del Palmar with a long list of yearly celebrations and festivals and pages of other information.

About the artists / Sobre los artistas

Lorie Topinka *Photo by Don Anton*

Lorie Topinka was a science educator and administrator in her previous life but has been happily retired here in San Miguel de Allende for the last four years dabbling in watercolors and pastels.

She has a long ago B.A. from the University of Washington and a more recent M.A. in Environment and Sustainability from Antioch University, Seattle. Prior to moving to San Miguel de Allende, Lorie lived in San Francisco, California, and worked at the California Academy of Sciences for fifteen years.

Lorie is a self-taught artist but, as many people do, has taken numerous art classes and workshops over the last 17 or 18 years and even developed opportunities at the California Academy of Sciences to teach "Sketching for the Science Classroom" as well as other blended art and science classes.

Lorie Topinka fue maestra en ciencias y administradora durante su vida profesional. Ahora vive felizmente retirada en San Miguel de Allende desde hace cuatro años, pintando acuarelas y pasteles.

Tiene una licenciatura de la Universidad de Washington y una maestría en Medio Ambiente y Sustentabilidad de la Universidad de Antioquía, en Seattle. Antes de trasladarse a San Miguel de Allende, Lorie vivía en San Francisco, California, y trabajó en la Academia de Ciencias de California durante quince años.

Lorie es artista autodidacta, pero, como mucha gente, ha tomado numerosas clases de arte y talleres en los últimos 17 o 18 años e incluso desarrolló oportunidades en la Academia de Ciencias de California para enseñar "Bosquejos para la clase de ciencias", así como otras clases combinando arte y ciencia.

Linda Whynman — Photo by Kambria Anton

Linda Whynman and her husband, Saul, retired to San Miguel de Allende, Mexico, over 12 years ago from New York. Linda has been involved in art and art education her entire professional career. She taught art from kindergarten to masters degree programs and was the Arts in Education Director in New York State bringing arts-related programs from New York City to upstate schools. Her areas of media expertise include watercolor and computer graphics.

This project with Lorie has afforded her a mindful experience of the Mexican countryside and its people: "When sketching and painting, I am fully present in the moment. It is a deeply pleasurable creative experience. It keeps me centered. Concentrating on the creative activity gives me a full awareness of the object I am painting. Then, when I look again at a painting I have completed, I remember the sounds, the temperature, the people who passed by and the entire plein aire experience. This process has helped me to love Mexico even more."

Linda Whynman y su marido Saul se retiraron a vivir en San Miguel de Allende, México, desde hace más de 12 años, procedentes de Nueva York. Linda ha estado involucrada en el arte y la educación artística durante toda su vida profesional. Ha enseñado arte desde nivel jardín de niños hasta maestría. Fue directora de Educación en Arte implementando programas relacionados con las artes de la ciudad de Nueva York en las escuelas del norte del estado. Sus áreas de especialización incluyen acuarela y gráficos por computadora.

Este proyecto con Lorie le ha permitido adquirir una experiencia consciente del campo mexicano y su gente: "Cuando dibujo y pinto estoy totalmente presente en el momento. Es una experiencia creativa profundamente placentera. Me mantiene concentrada. La concentración en la actividad creativa me da un conocimiento completo del objeto que estoy pintando. Entonces, cuando veo de nuevo una pintura que he terminado, me acuerdo de los sonidos, la temperatura, las personas que pasaron por la experiencia y todo el entorno. Este proceso me ha ayudado a amar a México aún más."

Made in the USA
Charleston, SC
19 August 2016